Emil Guttmann

Grundriss der Hydrotherapie für Ärzte und Studierende

Emil Guttmann

Grundriss der Hydrotherapie für Ärzte und Studierende

ISBN/EAN: 9783744602105

Hergestellt in Europa, USA, Kanada, Australien, Japan

Cover: Foto ©ninafisch / pixelio.de

Weitere Bücher finden Sie auf **www.hansebooks.com**

Grundriss

der

Hydrotherapie

für

Ärzte und Studierende.

Von

Dr. med. Emil Guttmann,

prakt. Arzt in Breslau.

Breslau 1896.

Verlag von Preuss & Jünger.

Vorwort.

Der vorliegende Grundriss soll dem Arzte in möglichst
gedrängter, aber doch ausreichender und verständlicher Darstellung das Wichtigste von der wissenschaftlichen Hydrotherapie übermitteln und ihm zeigen, in welcher Weise sich ihre
Methoden auch ausserhalb der Wasserheilanstalt anwenden
und in den Kreis der übrigen ärztlichen Heilbestrebungen ein-
fügen lassen. Ihre Einreihung in den allgemeinärztlichen Heilschatz ist zwar längst erfolgt — man lese ein beliebiges
klinisches Lehrbuch, z. B. von Strümpell, nach, und man wird
fast bei jeder Krankheitsform unter den therapeutischen Angaben irgend welche hydriatrischen Massnahmen empfohlen
finden. Wenn trotzdem die ärztliche Praxis der Hydrotherapie
vielfach noch fern steht, so liegt dies zumeist an der man-
gelnden Kenntnis der hydriatrischen Technik und ihrer wissenschaftlichen Grundlagen. Diese Kenntnisse aus den umfang-
reichen Werken von Winternitz u. a. zu schöpfen ist für den
Praktiker schwierig und zeitraubend. Eine kurze Übersicht,
auf die Bedürfnisse des praktischen Arztes zugeschnitten,
kann deshalb von Nutzen sein und dazu beitragen dem ebenso
oft verkannten als überschätzten hydriatrischen Heilverfahren
zu richtiger Würdigung bei dem ärztlichen Publikum zu verhelfen. Möge das vorliegende Büchlein, das aus der Praxis
für die Praxis geschrieben ist, für diesen Zweck sich geeignet
erweisen!

Breslau, Januar 1896.   Dr. Guttmann.

Inhalts-Verzeichnis.

~~~~~

Einleitung.

Hydrotherapie, Hydriatrik oder Wasserheilverfahren nennt man diejenige Methode, welche das Wasser in verschiedenen Temperaturen und Aggregatformen zur Heilung von Krankheiten, und im weiteren Sinne auch zur Erhaltung und Kräftigung der Gesundheit und zur Prophylaxe, anwendet. Als Wissenschaft einer der jüngsten Zweige am Baume der Medizin, darf sich die Hydrotherapie mit Stolz als die älteste empirische Heilmethode der Menschheit betrachten. Sicherlich war das Wasser das nächstliegende Heilmittel zum innerlichen und äusserlichen Gebrauche für den eben erst der tierischen Stufe entwachsenen Menschen, der das Tier instinktiv zur Quelle eilen sah, um seine Wunden zu kühlen. So spielen denn auch in den Religionsgebräuchen der ältesten Kulturvölker, die ja so viele hygienische und therapeutische Massnahmen durch religiöses Zeremoniell verbrämt enthalten, Bäder und Waschungen eine grosse Rolle; die Priester, die auf diesem Gebiete reiche Erfahrungen sammeln konnten, wurden dadurch selbst zu Heilkünstlern, und in den griechischen Tempeln überlieferten die dankbaren Geheilten ihre Krankheitsgeschichte und die Mittel, die ihnen geholfen hatten, der Nachwelt auf Votivtafeln, welche das erste Material zur Bildung einer regelrechten empirischen Heilkunde abgaben. So ist es nur natürlich, dass der Schüler dieser Priestermedizin, der Vater der wissenschaftlichen Heilkunde, Hippokrates, ausgedehnten Gebrauch vom Wasser zu diätetischen, prophylaktischen und therapeutischen Zwecken machte, verschiedene Anwendungsformen des Wassers kannte und bereits klare Vorstellungen über seine physiologische Wirkungsweise besass.

Guttmann, Hydrotherapie. 1

Zu den späteren griechischen Ärzten, welche die Hydrotherapie kultivierten, gehören Petronas, der Erfinder des Kastendampfbades, Erasistratos und namentlich der in Rom wirkende Asklepiades (gestorben 59 v. Chr.), der von seinem Eifer für das Wasserheilverfahren und seinen glücklichen Kuren den Ehrennamen Psychrolutos (Kaltwasserbader) erhielt. Sein Schüler war Antonius Musa, welcher dem verweichlichten und hypochondrischen Kaiser Augustus durch eine Kaltwasserkur die Gesundheit wiedergab und sich dadurch grossen Ruhm erwarb. Trotzdem ging der Gebrauch des Wassers der Mehrzahl der zünftigen Ärzte Roms wieder verloren und geriet in die Hände von Laien. Freilich die hervorragendsten griechisch-römischen Ärzte blieben dem Wasser immer zugethan, so Celsus, Charmis, Soranus; und Galenus, das ärztliche Vorbild für die kommenden anderthalb Jahrtausende, empfahl besonders die Bäderbehandlung des Fiebers.

Trotz der Autorität Galens in allen medizinischen Fragen fand gerade seine Anerkennung des Wasserheilverfahrens in dem nun folgenden Zeitraume des Mittelalters fast gar keinen Anklang. Ausser den Empfehlungen einiger vorurteilsfreien, und zwar der bedeutendsten Ärzte unter den Byzantinern und Arabern, wie Paulus von Aegina, Rhazes, Avicenna, und ausser der Einbürgerung des Schwitzbades als diätetischen Mittels (seit der Zeit der Kreuzzüge) verlautet bis zum Ausgange des Mittelalters nichts über etwaigen Gebrauch oder gar Fortschritt der Hydrotherapie.

Erst mit dem Aufschwunge aller Wissenschaften, und so auch der Heilkunde, in der zweiten Hälfte des sechzehnten Jahrhunderts beginnt wieder eine fruchtbare Zeit auch für das Wasserheilverfahren. Ambroise Paré (1553), der Begründer der neueren Chirurgie, führte die Wasserbehandlung der Wunden ein, welche die grausame Chirurgie des Mittelalters mit siedendem Öl und dem Glüheisen maltraitiert hatte. Die innere Medizin wurde für die Hydrotherapie erobert durch des englischen Arztes Floyer berühmtes Buch »Psychrolusia« (1702). Trotz der vielfach immer noch ablehnenden Haltung von Schule und Zunft, trotz der masslosen und lächerlichen Übertreibungen von seiten pfuschender Laien drang die Hydrotherapie, durch die grössten Autoritäten gestützt, von jetzt an mehr und mehr in die Praxis der Ärzte ein. Hierfür wirkten in Deutschland Friedrich Hoffmann, der Iatrophysiker, die Arztfamilie Hahn (Vater und 2 Söhne) und Hufeland, in Frankreich Le Drau, der Erfinder der Douchen, welche noch heute die beliebteste Wasserprozedur der Franzosen sind, in England Wright, der die Übergiessungen mit Seewasser bei infektiösen Fiebern einführte, und Currie, von dem das Tauch- oder Schwenkbad stammt.

Inzwischen war die Medizin auf den wunderlichen Wegen der Spekulation von System zu System gewandert, deren jedes als ersten Grundsatz den verfocht, dass alle übrigen Systeme falsch seien. Auf diesem dürren Boden begann nun im ersten Drittel unseres Jahrhunderts allmählich ein Umschwung sich vorzubereiten. Es genügt, an die Namen Rokitansky und Skoda zu erinnern, um das Wesen dieses Umschwungs anzudeuten. Objektive Naturbeobachtung, sorgfältige Leichenschau und exakteste Diagnostik bildeten den Kernpunkt des neuen Strebens. Um so schlimmer kam die Therapie weg, welche angesichts der überwältigenden Macht der neu gefundenen pathologischen Thatsachen vollkommen in den Hintergrund trat, ja nur als eine unliebsame Störung der objektiven Krankheitsbeobachtung empfunden wurde. Dass gegen diesen therapeutischen Nihilismus eine Reaktion im Publikum, welches im Arzte doch zunächst und vor allen Dingen den Helfer in allen Nöten sieht, nicht ausbleiben konnte, ist begreiflich. Das Mittel, dessen sich die Laienreaktion bediente, war die Wasserheilkunde, als der dem Laien am leichtesten zugängliche und wenigstens in seinen Wirkungen verständlichste Zweig der Therapie. Ein einfacher Landmann zu Gräfenberg in österr. Schlesien, Namens Vincenz Priessnitz (1799—1852), ein Mann von unleugbar grosser ärztlicher Begabung, unermüdlichem Eifer und strenger Rechtlichkeit, somit hoch erhaben über den zahlreichen Pfuschern, die vor, neben und nach ihm bis auf den heutigen Tag sich breit gemacht haben, gründete eine Wasserheilanstalt, schuf eine grosse Zahl neuer Wasserprozeduren, die noch heute seinen Namen tragen, und behandelte mit glücklichem Instinkte, freilich auch manchem Misserfolge, da ihm die Kunst der exakten Untersuchung und der Individualisierung abging, die Tausende und Abertausende von Leidenden, die im festen Glauben an sein Wirken zu ihm gewallfahrtet kamen. Durch seine staunenswerten Erfolge wurden auch die Ärzte, die sich anfangs ablehnend verhalten hatten, aufmerksam und begannen, je trostloser es mit der übrigen Therapie aussah, um so mehr sich wieder mit der Anwendung des Wassers zu befassen. Während in Frankreich hervorragende Kliniker wie Scoutetten, Lubanski, Latour, Schedel und namentlich Fleury, die Wasserheilkunde und speziell die Douchebehandlung zu hohem Ansehen in der wissenschaftlichen Welt brachten, nahmen sich in Deutschland zahlreiche Praktiker der Sache an und verwandten das Wasser nicht nur, wie es Priessnitz vorwiegend gethan hatte, bei chronischen Störungen der Ernährung, bei Unterleibsleiden und Syphilis, sondern auch bei chronischen Nervenkrankheiten. Ferner wurde der Wert der Wasserbehandlung für die Psychiatrie, die Gynäkologie, Pädiatrie und Dermatologie lebhaft diskutiert. Nachdem dann Virchow zuerst (um die Mitte des Jahrhunderts) auf die Körpertemperatur als wichtigen pathognomischen Indikator aufmerksam gemacht und Wunderlich die Thermometrie am Krankenbette eingeführt hatte, begann nun auch die allgemeine Adoption des Wasserheilverfahrens in die Fieberbehandlung, zunächst durch Brand (1861) für den Typhus, dann durch Bartel, Jürgensen, Liebermeister u. a., und damit die moderne, die wissenschaftliche Epoche der Hydrotherapie. Die physiologischen Grundlagen der letzteren wurden durch Claude Bernard (Entdeckung der Gefässnerven), später durch Pflüger und Voit gefördert, die klinische Nachprüfung derselben ausser anderen durch Leyden und vornehmlich durch Wilhelm Winternitz geliefert. In seinem Lehrbuch der »Hydrotherapie auf physiologischer und klinischer Grundlage« (1. Aufl. 1879, 2. Aufl. des 1. Bandes 1890) hat Winternitz in Wien, bekanntlich im Besitze des einzigen Lehrstuhls für Hydrotherapie in den deutschredenden Ländern, den gegenwärtigen Stand seiner Wissenschaft in grossen Zügen umschrieben und ihre Stellung in der heutigen Medizin gekennzeichnet. Das Wasserheilverfahren ist ein gleichberechtigter Zweig der wissenschaftlichen Therapie, und zwar speziell der physikalischen Therapie, geworden und wird aus dieser Stellung nicht mehr verdrängt werden.

Wohl aber ist noch manches grosse Ziel zu erreichen. Wir meinen neben der weiteren Vervollkommnung der Physiologie des Wasserheilverfahrens hauptsächlich seine grössere Ausbreitung unter den praktischen Ärzten. Die Hydrotherapie ist noch immer zu sehr an die Wasserheilanstalten und an einzelne Kliniken gebunden; das Gros der Ärzte wendet sie in der allgemeinen Praxis noch viel zu wenig an. Hieran trägt zumeist die mangelhafte Ausbildung der Mediziner auf diesem Gebiete die Hauptschuld; auf manchen Kliniken sind Priessnitzsche Umschläge und die Bäder beim Typhus das einzige, was der angehende Arzt von der Hydrotherapie zu sehen bekommt. Dass aber auch die Mehrzahl der in der Praxis stehenden Ärzte so selten Gelegenheit nimmt, das Versäumte nachzuholen, vielmehr der Hydrotherapie indifferent oder gar ablehnend gegenübersteht, dafür lassen sich drei Gründe zur Erklärung, wenn auch nicht zur Entschuldigung heranziehen. Erstens die Thatsache, dass die Hydrotherapie trotz ihres wissenschaftlichen Ausbaues auch heute noch, wie seit jeher, vielfach von Laien betrieben wird, von Naturheilkundigen, dreisten Reklamemachern u. s. w.; von Leuten, die mit Priessnitz nur das eine gemeinsam haben, dass sie auch Laien sind, ohne aber die bedeutenden geistigen und moralischen Qualitäten dieses merkwürdigen Mannes zu besitzen, und die ihre eigene Unfähigkeit durch die schamlosesten Hetzereien auf die Ärzte zu verdecken suchen. Kein Wunder, dass die Ärzte sich mit Abscheu von solchem Treiben abwenden; nur dass sie oft damit auch den Geschmack an der Hydrotherapie selbst verlieren, bleibt bedauerlich und ist gerade geeignet, dem Pfuschertum zu noch üppigerer Blüte zu verhelfen. Denn der Kranke sucht Heilung und es ist ihm gleich, wo er sie findet, ob beim Arzte oder beim Schäfer; ist der Arzt für eine Erfolg versprechende Prozedur nicht zu haben, so geht der Kranke zum pfuschenden Laien. Bekanntlich helfen gegen das Pfuscherwesen weder ernste Belehrungen des Publikums von seiten der Ärzte, noch Spott, noch vornehmes Schweigen; die beste Antwort des wissenschaftlichen Arztes ist die, dass er selbst die Hydrotherapie als gleichberechtigten Faktor in seinen Heilschatz aufnimmt und so jenem Parasitentum den Boden entzieht.

Der zweite hier in Betracht kommende Grund ist das eigentümliche Verhalten auch so mancher ärztlichen Hydrotherapeuten. Ein Teil derselben — glücklicherweise werden es immer weniger — glaubt nämlich noch immer sich in einen Gegensatz zu den übrigen Ärzten stellen zu müssen, obwohl die Hydrotherapie doch längst als ein wissenschaftliches Heilverfahren allgemein anerkannt ist. Aber es beliebt nun einmal manchem sich als aussenstehend, als einsamen Verfechter grosser Wahrheiten, die von der Masse der Ärzte verleugnet werden — was aber in der That gar nicht der Fall ist — vor dem Publikum hinzustellen: aus welchen Motiven, ist leicht verständlich. Aber auch abgesehen von solchen reklamebedürftigen Hydrotherapeuten stehen noch heute einzelne Wasserärzte auf dem einseitig fanatischen Standpunkte, dass die Hydrotherapie, allenfalls in Verbindung mit den übrigen physikalischen Heilmethoden, die einzig richtige Therapie sei, dass z. B. Medikamente absolut zu verwerfen seien — als ob nicht jede durch Erfahrung und Wissenschaft erprobte Methode der anderen gleichwertig wäre, und als ob überhaupt eine die andere ausschlösse. Auch veraltete und längst als unrichtig erkannte pathologische Anschauungen spuken noch oft in den Köpfen solcher Wasserärzte alten Stiles. Da soll aus dem vorher anderweitig behandelten Patienten durch die Wasserkur vor allen Dingen erst die »Medizinkrankheit« herausgetrieben werden, da wird ein — meist durch Missbrauch der Wasserbehandlung verschuldeter — Ausschlag als »kritisches«, Genesung verheissendes Signal begrüsst; und was dergleichen Absurditäten mehr sind. Begreiflicherweise wird hierdurch die Neigung der Ärzte für die Anwendung des Wassers nicht eben gesteigert. Aber man sollte doch nicht Person und Sache verwechseln. Die modern entwickelte Hydrotherapie weiss nichts von solchem unwissenschaftlichen Aberglauben; sie ist den Fortschritten der Physiologie und Pathologie treulich gefolgt; und was ihr Verhältnis zu den übrigen therapeutischen Methoden betrifft, so ist gerade der praktische Arzt, als Eklektiker in der Therapie, berufen, dasselbe sicher zu stellen, indem er das Wasser seinen übrigen Heilmitteln anreiht, dasselbe bald für sich allein, bald in den verschiedenartigsten Kombinationen mit den anderen Mitteln verwendet und so das Wasserheilverfahren ebensowohl vor Missachtung als vor tendenziöser Überschätzung bewahrt.

Der dritte und scheinbar plausibelste Grund für die Indifferenz vieler Ärzte gegenüber dem Wasserheilverfahren ist in den Schwierigkeiten gegeben, welche demselben zweifellos häufig in der Privatpraxis entgegentreten. Die Hydrotherapie ist ebensowenig eine bequeme als eine kostenlose Heilmethode. Sie erfordert zahlreiche Hilfsmittel, wie Badewanne, Doucheapparate, grosse Laken, Schwitzvorrichtungen u. dgl., und eine sehr präzise Technik. Im Hospitale und in der Wasserheilanstalt, bei reichhaltiger Ausstattung und gut geschultem Personale, ist die Sache für den Arzt nicht schwer, aber in der Privatpraxis steht es anders. Hier gilt es in vielen Fällen zunächst die Furcht vor dem Wasser bei dem Kranken und seinen Angehörigen durch vernünftige Vorstellungen zu überwinden, dann muss jede Prozedur bis in alle Einzelheiten beschrieben werden, und alles das nützt nichts, wenn nicht der Arzt wenigstens bei der ersten Wasseranwendung zugegen ist, sie leitet und womöglich bei der Ausführung mithilft. Das ist freilich unbequemer als ein Rezept zu verschreiben; aber die Mühe belohnt sich durch das Bewusstsein, eine wirksame Therapie anzuwenden, die oft dann noch hilft, wenn andere Mittel versagen, die meist

augenblicklich den Erfolg sehen lässt und, wenn nur einiger-
massen einsichtsvoll angewandt, unschädlich ist, eine Therapie,
die auch den wissenschaftlichen Bedürfnissen des Arztes voll-
auf Genüge thut, in der, nach Hüppes Urteil, »mehr physio-
logisches Wissen und Können steckt, als in vielen glänzenden
diagnostischen Kunststücken hervorragender Kliniker«. In
welcher Weise sich übrigens die Handhabung der Hydrotherapie
in privaten Verhältnissen gestaltet, werden wir bald sehen.

Wenngleich es wenige Erkrankungen geben wird, in denen
nicht irgend eine Indikation für diese oder jene Wasserprozedur zu finden wäre, so sind es doch vornehmlich drei
grosse Gruppen, in denen das Wasserheilverfahren mit besonderer Vorliebe und besonderem Erfolge angewandt wird
und sozusagen die Behandlung beherrscht; das sind die
akuten fieberhaften Krankheiten, ferner die chronischen
Störungen der Ernährung und Konstitution (z. B. Gicht, Fettleibigkeit, Skrophulose u. s. w.) und endlich die chronischen
Nervenkrankheiten. Von diesen drei Gruppen ist der grösste
Teil der beiden letzten der hydriatrischen Behandlung des
Praktikers entzogen und fällt der Wasserheilanstalt an-
heim. Es beruht dies teils auf historischer Überlieferung, da
die nach dem Muster der Priessnitzschen Anstalt bald in
allen Ländern entstandenen Wasserheilanstalten von Anfang
an, wie ihr Vorbild selbst, die chronischen Ernährungsstörungen und später auch die Nervenleiden in ihren Kreis
zogen, teils auf sehr gewichtigen praktischen Gründen. Es
handelt sich nämlich bei den meisten dieser Krankheitszustände um komplizierte hydriatrische Methoden, für deren
sachgemässe Ausführung und konsequente — weder nach-
lässige noch übereifrige — Durchführung nur in der Anstaltsbehandlung genügende Gewähr gegeben ist. Ferner ist die
vielen derartig Leidenden eigene Energielosigkeit ein Faktor,
der in der Privatpraxis die Vornahme einer die Willenskraft
stark in Anspruch nehmenden Kur sehr erschwert, während
er in der Anstalt gerade durch die von einem fremden Willen
durchgesetzte Behandlung wirksam bekämpft wird. Endlich
wird bei den in Rede stehenden Leiden häufig die Hydrotherapie nicht allein, sondern in Verbindung mit anderen
physikalischen Heilmethoden angewandt, deren kurgemässer
Gebrauch aus denselben Gründen am besten in der Anstalt
erfolgt, zumal nur in dieser die mancherlei hierfür notwendigen Apparate und Vorkehrungen vollzählig zu finden
sind. Dazu gehören Diätotherapie, Massage, Heilgymnastik,
schwedische (maschinelle) Gymnastik, Elektrizität, Hypnose,

und nicht zum letzten kommt hinzu die Mitwirkung günstiger Boden- und Klimaverhältnisse, die die Vornahme von Terrainkuren und den ausgiebigen Genuss von Wald- und Gebirgsluft gestatten. Alles das macht den Heilapparat der zahlreichen Anstalten aus, die sich als Wasser- oder physikalische Heilanstalten oder auch mit einem der Reklame dienenden Namen von tendenziösem Beigeschmacke als Naturheilanstalten bezeichnen. Selbstverständlich sind auch Medikamente und, wo es nötig erscheint, auch chirurgische Eingriffe und spezialistische Lokalbehandlung nicht ausgeschlossen, sobald die Anstalt unter wissenschaftlich ärztlicher Leitung steht, was leider nicht bei allen der Fall ist; indes werden sich, was speziell die Arzneibehandlung betrifft, nur wenige Indikationen — abgesehen von akuten Zwischenfällen — dafür finden, da mit derselben bei den meisten der hierhergehörigen Leiden nicht viel auszurichten ist, und auch gewöhnlich schon vorher der Arzneischatz vergeblich erschöpft war, ehe dem Patienten die »Wasserkur« als ultimum refugium empfohlen wurde.

Was bleibt nun für die hydrotherapeutische Thätigkeit in der Privatpraxis übrig? Erstens ein nicht unbeträchtlicher Bruchteil derjenigen Fälle, die wir soeben im Auge hatten, welchem es die Mittel nicht gestatten, sich der ziemlich kostspieligen Behandlung in einer Wasserheilanstalt zu unterziehen; zweitens das grosse Heer der akuten, besonders der fieberhaften Krankheiten, und drittens die gelegentliche Anwendung des Wassers bei allen möglichen Erkrankungszuständen, z. B. in gynäkologischen, chirurgischen Fällen u. s. w. Endlich ist noch der vielseitige Nutzen des Wassers zu diätetischen Zwecken, für Rekonvaleszenten, schwächliche und hereditär belastete Individuen, zu erwähnen. Die meisten Schwierigkeiten in der Behandlung machen dem Arzte, wie schon aus dem oben Gesagten hervorgeht, die chronisch Leidenden. Die mündliche Beschreibung der Prozeduren in der Sprechstunde ist erfahrungsgemäss ziemlich wertlos, da sie namentlich von nervösen Kranken schlecht verstanden und grösstenteils wieder vergessen wird. Besser ist es, die Anordnungen schriftlich zu geben, oder, da dies viel Zeit raubt, die Kranken auf ein kurzgefasstes populäres Hilfsbuch zu verweisen, welches die Wasseranwendungen deutlich beschreibt, aber nicht etwa eine Anleitung zum Selbstkurieren darstellen darf.*) Am besten ist es, wenn der Kranke sich

---

*) Vergl. des Verfassers Krankendienst, ein kurzes Lehrbuch der Krankenpflege, Leipzig, Ambr. Abel, 1893; R. Wichmann, Die Wasserkuren, Braunschweig 1894; u. a.

täglich einen geübten Badediener oder Krankenwärter kommen lassen kann, der die vom Arzte schriftlich verordneten Prozeduren ausführt. In grösseren Städten giebt es auch gut eingerichtete Badeanstalten, in welchen alle hydriatrischen Massnahmen, eventuell auch mit Massage und Heilgymnastik, von geschulten Kräften appliziert werden. Somit lässt sich auch die physikalische Hausbehandlung chronisch Kranker und Nervenleidender bei gutem Willen zur Not durchführen. Viel besser steht es mit den akuten Krankheiten. Hier ist entweder ein Krankenpfleger, von welchem man ja die Kenntnis der wichtigsten hydriatrischen Prozeduren verlangen darf, zur Stelle oder, wo nicht, der Arzt in der Lage, im Krankenzimmer die erste Wasseranwendung persönlich zu überwachen. Letzteres ist bei Mangel geschulter Pflege unbedingt notwendig, aber in jedem Falle ratsam; der Arzt besiegt dadurch am schnellsten etwaigen Widerstand gegen den Gebrauch des Wassers und hat die Garantie, dass seine Verordnung auch wirklich ausgeführt wird, er zeigt den gewöhnlich ratlosen Angehörigen, wie sie sich mit den unzulänglichen Mitteln des Haushaltes helfen können und lehrt sie, indem er selbst mit Hand anlegt, die richtige Vornahme der Prozedur, und er kann endlich das Verhalten des Patienten während der Wasseranwendung, seine Reaktion gegen dieselbe beobachten und darnach die weiteren hydriatrischen Eingriffe bestimmen. Voraussetzung ist dabei die eingehendste Vertrautheit des Arztes mit allen Einzelheiten der Wasserprozeduren; aber dieselbe erwirbt er eben am leichtesten, wenn er es sich zum Grundsatz macht, wo es nur angeht, mit anzugreifen und sich auch um die scheinbar unwichtigsten Nebensachen zu bekümmern. — Wie sich der Arzt bei der gelegentlichen Wasseranwendung in den verschiedensten Krankheiten und bei diätetischen Wasserkuren zu verhalten hat, ist aus den bisherigen Ausführungen leicht zu entnehmen.

Ein besonders lohnendes Feld für hydrotherapeutische Behandlung, welches deshalb noch für sich einer kurzen Betrachtung wert ist, bietet sich in der Kinderpraxis. Die zahlreichen akuten fieberhaften Erkrankungen des Kindesalters fordern zur reichlichen Anwendung des Wassers geradezu heraus. Aber auch chronische Krankheitszustände lassen sich bei Kindern sehr bequem im Hause hydriatrisch behandeln und werden ja seit Alters — man denke an die Bäder und Abreibungen bei Rachitis und Skrophulose — von den Ärzten so behandelt. Die Wirkung von Wasserprozeduren ist beim Kinde zweifellos eine weit promptere als beim Er-

wachsenen, der durch die vieljährigen mannigfachen Einwirkungen der Aussenwelt abgestumpft, nicht mehr so mächtig
auf Reize reagiert. Für unsere praktischen Zwecke aber ist
vor allem hervorzuheben, dass bei den geringen Dimensionen
des kindlichen Körpers die Prozeduren, wie Einpackungen,
Stammumschläge u. dgl., leichter und rascher auszuführen und
die nötigen Hilfsmittel, Tücher, Laken, Wannen u. s. w. nur
in geringer Grösse erforderlich, daher viel eher zu beschaffen
sind. Namentlich für die Bäderbehandlung fällt der Unter-
schied zwischen der Kinderpraxis und den Verhältnissen beim
Erwachsenen sehr ins Auge. Wie beschwerlich ist es im
Hause einen schwerkranken Mann ohne sachverständiges
Pflegepersonal aus dem Bette ins Bad zu bringen, ihn darin
zu halten und wieder zurückzutragen, wie umständlich ist
durch die grossen Wassermassen, die gebraucht werden, die
Bereitung des Bades, wie selten ist überhaupt eine Badewanne in der Familie zu finden, und wie oft muss man
daher auf die so notwendigen Bäder verzichten! Ganz anders
beim Kinde. Für ein kleines Kind ist eine Badewanne in
jeder Familie vorhanden, für ein grösseres kommt man mit
einem Waschschaff, einem Bottich u. ä. ganz gut aus, die
Zubereitung geht schnell von Statten, da nur mässige Wassermengen erforderlich sind, das Kind kann leicht von einer
Person ins Bad gebracht werden, und wir brauchen daher in
der Kinderpraxis niemals Bäder zu entbehren, wo wir sie angezeigt erachten. Ähnliches gilt für alle übrigen hydriatrischen
Massnahmen. Jedem Arzte, der daran geht, die Ausübung
der Wasserheilkunde in seine therapeutische Thätigkeit auf-
zunehmen, kann nur geraten werden in der Kinderpraxis
damit den Anfang zu machen.

Erster Abschnitt.

Die physiologischen Grundlagen der Hydrotherapie.

Die Hydrotherapie ist eine physikalische Therapie; sie bringt thermische und mechanische Kräfte zur Einwirkung auf den Körper. Als Träger dieser Kräfte benutzt sie vorzugsweise das reine Wasser, da dieses ein chemisch indifferentes, lediglich physikalisch wirksames Medium darstellt, das den Vorteil gewährt, eine grosse Wärmekapazität zu besitzen, sich thermisch und mechanisch leicht dosieren zu lassen, in allen drei Aggregatzuständen verwendbar und überall bequem zur Hand zu sein. Im engeren Sinne fällt also der Begriff der Hydrotherapie mit dem der Wasserbehandlung zusammen. Dehnt man aber den Begriff der Hydrotherapie nach der thermischen Seite hin (da die mechanischen Wirkungen bei ihr stets nur sekundärer Natur sind) weiter aus, erweitert man ihn zu dem Begriffe einer Thermotherapie, so muss man, wie er auch in der Praxis meist geschieht, nicht bloss die Applikation thermischer Kräfte durch Wasser, sondern auch durch andere ganz oder nahezu chemisch indifferente Medien verschiedener Aggregatformen darunter verstehen, also die Applikation durch feste Körper, wie Sand, trockene heisse oder kalte Tücher — durch luftförmige (heisse Luft im irisch-römischen Bade), — durch flüssige, wie Moorerde, Brei und die physiologische (0,6%) Kochsalzlösung, die für empfindliche Schleimhäute und subkutane Anwendung ebenso indifferent ist, als für die Haut das reine Wasser. Wollte man aber hiernach die Hydrotherapie einfach als eine Thermotherapie definieren, so würde man damit wieder noch keinen Ausdruck für die nicht zu unterschätzenden mechanischen Hilfskräfte bei der Wasseranwendung gefunden haben. Eine vollkommene Begrenzung des Begriffes Hydrotherapie ist also nicht möglich. Im Vorder-

grunde steht jedenfalls immer die Anwendung des Wassers und
als Ort der Applikation die äussere Haut. Mit der Einwirkung verschieden temperierten Wassers auf die Haut (und
weiterhin von dieser aus auf den Organismus) haben wir uns
also im folgenden hauptsächlich zu beschäftigen. Wir müssen
dabei die thermischen von den mechanischen Wirkungen ge-
sondert abhandeln.

A. Thermische Wirkungen.

Differente Temperaturen wirken als Reize auf die sensiblen Hautnerven und rufen von diesen aus reflektorisch
Bewegungen hervor. Nähert sich die Temperatur derjenigen
des Körpers, so wird auch der Reiz immer kleiner und hört
schliesslich, sobald beide Temperaturen zusammenfallen (In-
differenzpunkt), ganz auf. Ein Bad von Körpertemperatur
($36,5^0$ C. $= 29^0$ R.) bewirkt eben durch Abhaltung aller äusseren
Reize — vielleicht auch durch Aufquellung der Nervenendigungen — eine Beruhigung der Hautnerven, die sich bis in
die Zentralorgane hinein fortpflanzt. Andererseits machen
excessive Temperaturen Überreizung der Hautnerven — die
sich in intensivem Schmerze äussert, ganz gleich, ob es sich
um Kälte- oder Wärmereize handelt — weiterhin Unterbrechung
der Nervenleitung (anästhesierende Wirkung des Eisbeutels),
schliesslich völliges Erlöschen der Nerventhätigkeit.

Bleiben wir nunmehr bei den thermischen Reizgrössen
mittleren Grades, wie sie hydriatrisch zur Verwendung kommen,
also bei den Temperaturen, die sich von der Körpertemperatur
nach oben und unten hin in mässigen Grenzen entfernen, so
haben wir uns aus der Physiologie zu erinnern, dass der
Effekt einer Reizung abhängig ist von der Dauer, der Intensität des Reizes, von der Art und Weise seines Angriffs,
d. h. ob er plötzlich hereinbricht oder ob er einschleicht, und
andererseits auch von der Reizempfänglichkeit des Protoplas-
mas bezw. Individuums. Eine kalte Einpackung von 15 Minuten Dauer stellt einen stärkeren Reiz dar als die nur eine
Minute dauernde kalte Abwaschung; ein kaltes Bad (von
etwa 18^0 R.) reizt stärker als ein laues (etwa von 25^0 R.),
ein plötzlich eiskalt aufgelegter Umschlag stärker als die
ganz allmählich gesteigerte Kälteapplikation mit dem Leiterschen Kühlschlauche. Und was die Reizempfänglichkeit betrifft, so ist es ja bekannt, dass je wärmer der Körper vor
Eintritt des Kältereizes war, desto stärker die Wirkung des
letzteren ist. Wenn wir aus der Gluthitze eines Sommertages
in einen tiefen Keller treten, so fühlen wir uns eisig angeweht,

während der genau ebenso temperierte Keller im Winter uns
beim Betreten fast lauwarm vorkommt. Daher rufen wir oft
künstlich eine Wärmestauung im Körper hervor, um den Reiz
einer Kälteprozedur zu einem intensiveren werden zu lassen;
wir applizieren also vor der kalten Übergiessung ein warmes
Bad, wir lassen eine kalte Abreibung unmittelbar nach dem Auf-
stehen aus der Bettwärme vornehmen u. s. f.

Wenn wir nunmehr analysieren wollen, in welcher Weise
differente Temperaturen auf den Körper wirken, so haben
wir dabei die Reizwirkungen derselben von der physikalischen
Wirkung (Temperaturwirkung) zu unterscheiden und bei den
ersteren wieder die lokalen Wirkungen von den reflektorischen zu trennen.

1. Reizwirkungen differenter Temperaturen.

a. Lokale Wirkungen.

Kältereize bewirken lokal eine Erregung der Haut-
gefässnerven und Hautmuskelnerven (für die mm. arrectores
pilorum), somit Kontraktion der betreffenden glatten Muskeln
und infolgedessen Anämie, Blässe und Runzelung der Haut.
Das ist die primäre Wirkung. Nach diesem Ausschlage pen-
delt die Aktion dieser Muskeln zum Ruhepunkte (durch den mittleren Füllungszustand der Hautgefässe bezeichnet) zurück und
noch über denselben hinaus nach der entgegengesetzten Seite,
zur Erschlaffung, hin: die Haut wird wieder glatt und durch
die gesteigerte Füllung der Gefässe, durch die der Blutstrom
lebhaft hindurchgeht, rot und succulent. Das ist die Reaktion
auf den Kältereiz. Hört der Reiz jetzt auf, so stellt sich das
normale Verhalten bald wieder her. Dauert aber die Einwirkung der Kälte fort, so wird der betreffende Teil immer
röter, dann bläulichrot, dunkelblaurot (venöse Hyperämie), die
Blutbewegung ist verlangsamt (Stase) und schliesslich tritt der
lokale Tod (Gangrän) ein. — Einen abweichenden Verlauf
zeigt die Reizwirkung mitunter bei anämischen Personen und
solchen mit reizbaren Nerven. Hier sieht man dem Kältereize
einen andauernden Gefässkrampf folgen, wodurch der befallene
Teil unveränderlich blass und kalt (reaktionslos) bleibt, bis
weiterhin Ernährungsstörungen eintreten und — bei Fortdauer
excessiver Kältewirkung — kalter Brand hinzukommt.

Applikation von Wärme erzeugt zuerst ebenfalls eine
bald vorübergehende Gefässkontraktion; sehr rasch aber tritt
eine Erschlaffung (Hyperämie) ein, die lange Zeit anhält und
erst viel später als nach dem Kältereize in Gefässlähmung
(Atonie der Hautgefässe) und Stase übergeht.

Bei einem flüchtigen Kältereize, der allmählich abklingt und einer langsamen Erwärmung bis auf die Bluttemperatur Platz macht (kalte Kompresse, die lange Zeit liegen bleibt), tritt zuerst Anämie ein, dann sehen wir einen andauernd vermehrten Zustrom (aktive Kongestion) und unter dem Einflusse desselben und auch des feuchtwarmen Dunstes, in dem sich die Haut befindet, ein gesteigertes Zellenleben, beschleunigte Diffusions- und Nutritionsvorgänge. Wir bezeichnen eine derartig wirkende Applikation als erregende (Priessnitzscher Umschlag).

Die thermischen Reize wirken aber nicht bloss auf die Applikationsstelle, sondern ihre Wirkung erstreckt sich von dieser aus in die Tiefe und Breite. Zunächst werden die tiefer gelegenen grösseren Gefässstämme durch thermische Hautreize ebenfalls, und zwar wohl reflektorisch, beeinflusst. Durch Kälte werden sie in anhaltende Kontraktion versetzt, die durch beständige Erneuerung des Kältereizes beliebig lange erhalten werden kann (man kann die Bauchaorta durch dauernde starke Kälteanwendung bis auf ein Viertel ihres Volumens verkleinern); durch Wärme werden sie zur Erweiterung gebracht. Ferner machen sich in den peripher und zentral von der Applikationsstelle gelegenen Particen die Folgen der thermischen Reizwirkung geltend. Peripher (z. B. wenn die Ellenbogengegend gereizt wird, in der Hand) zeigt sich als Folge des Kältereizes durch die Hemmung des Blutzuflusses verminderte Temperatur und gehemmter Stoffwechsel (daher auch z. B. Abnahme der Empfindlichkeit), als Folge von Wärmereizen gesteigerte Temperatur und beschleunigter Stoffwechsel. Dadurch erklärt es sich z. B., warum ein kaltes Ellenbogenbad den Schmerz und die Hitze eines Panaritiums der Hand so günstig beeinflusst. Zentral (also in Oberarm und Achsel bei Ellbogenreizung) machen sich die Folgen des Wärmereizes durch ein Leerwerden (Depletion) der Gefässe bemerkbar, deren Blut nach der Reizstelle hinströmt. Der Kältereiz hingegen bewirkt durch die an der Applikationsstelle gehemmte Strömung in den Arterien zentralwärts eine Rückstauung des Blutes, das nun mit Gewalt in die Kollateralen einzudringen sucht (kollaterale Hyperämie verbunden mit Temperatursteigerung des Rückstauungsgebietes). Auf dieses Hineindringen des Blutes reagieren aber die betreffenden Kollateralen mit Kontraktion und treiben so das Stauungsblut gegen die Reizstelle zurück; man bezeichnet diesen Vorgang als Stromwechsel und benutzt ihn therapeutisch zur Entlastung passiv hyperämischer Organe und zur Wegschwemmung von Zersetzungs-

und Entzündungsprodukten. Andererseits kann die mächtige Rückstauung auch Gefahren mit sich führen, wenn sie nämlich in Gefässgebieten vorkommt, denen eine Kongestion nachteilig ist, wie in dem Gefässgebiete des Gehirns oder bei leichter Zerreissbarkeit der Gefässe (Arteriosklerose). In solchen Fällen müssen wir die gefährdete Partie durch eine Kälteapplikation auf dieselbe vor einer zu starken Rückstauung schützen; wir machen z. B. am Beginne eines kalten Sitzbades kalte Umschläge auf den Kopf und befähigen damit die Hirngefässe durch eine erhöhte Spannung dem Blutandrange zum Gehirne, der sich dem Badenden durch Kopfdruck und Schwindelgefühl bemerkbar macht, grösseren Widerstand entgegenzusetzen; sind die Hirngefässe aber durch Arteriosklerose morsch, würden sie gegenüber der erhöhten Spannung und der Stauwelle nicht Stand halten können, so dürfen wir das kalte Sitzbad überhaupt nicht zur Anwendung bringen.

b. Reflektorische Wirkungen.

Ausser den direkten Wirkungen thermischer Reize an der Applikationsstelle und deren Folgeerscheinungen für die Zirkulation der angrenzenden Gefässgebiete giebt es auch zahlreiche allgemeine Reflexwirkungen, welche durch die Reizung der sensiblen Hautnerven ausgelöst werden, und deren Intensität natürlich mit der Zahl der gereizten Hautnerven wächst, also am stärksten bei der Anwendung auf den ganzen Körper ist (bei den Bädern, Packungen u. s. w.). Nur die wichtigsten dieser Reflexerscheinungen seien im folgenden angedeutet.

Die reflektorische Wirkung auf das Herz und die Blutbewegung besteht bei Kältereizen in einer anfänglichen Pulsbeschleunigung, welcher nachher, besonders wenn der Reiz fortdauert, anhaltende Verlangsamung folgt — bei Wärmereizen in einer kurzdauernden Pulsverlangsamung, die bald von einer Beschleunigung abgelöst wird.

Die Frequenz der Respiration wird durch Wärme beschleunigt; Kälte ruft zunächst eine krampfhafte Inspiration hervor (z. B. bei plötzlichem Bespritzen des Leibes mit kaltem Wasser), es folgt eine kurze Respirationspause, und nun kommt die Atmung wieder in regelmässiger, aber beschleunigter und vertiefter Weise in Gang.

Die Blutverteilung wird durch thermische Reize ausserordentlich beeinflusst. Hyperämisierung eines Gefässgebietes ruft kollaterale Anämie hervor, ebenso umgekehrt. Ein Beispiel aus der experimentellen Physiologie, die Durchschneidung des n. Splanchnicus, nach welcher alles Blut in den Unterleibsgefässen sich anschoppt, während der übrige Körper blutleer wird, kann zur Illustration dieser Vorgänge dienen. Wir haben hier die Grundlagen für die sogenannte ableitende oder derivierende Methode (oder nach der Winternitzschen Bezeichnung: für eine hydraulische Therapie), mit der wir die Blutverteilung im Körper willkürlich ändern können. Bekannt ist z. B. die Anwendung warmer Fussbäder bei Gehirnhyperämie, der erregenden Leibbinde als Ableitungsmittel bei chronischem Darmkatarrh u. s. w.

Was die Reflexwirkung von differenten thermischen Reizen auf das Sensorium betrifft, so ist schon aus dem täglichen Leben bekannt, dass sowohl Kälte- als Wärmereize einen erregenden Einfluss auf dasselbe ausüben. Man spritzt einem Ohnmächtigen kaltes Wasser ins Gesicht, man träufelt einem Scheintoten heissen Siegellack auf die Brust u. dgl. m. Noch stärker als das Bespritzen mit kaltem Wasser wirkt eine kalte Einpackung, ein flüchtiges Eintauchen des ganzen Körpers ins kalte Bad — wegen der weit grösseren Reizfläche (s. o.).

2. Physikalische Wirkungen differenter Temperaturen.

Dem physikalischen Grundgesetze, dass zwei verschieden temperierte Medien, die mit einander in Kontakt treten, ihre Temperatur gegen einander ausgleichen, ist natürlich auch der menschliche Körper in seinem Verhalten gegenüber thermischen Applikationen unterworfen. Doch macht sich hier eine erhebliche Abweichung geltend. Der lebende menschliche (und tierische) Körper wird nämlich durch Kälte weniger abgekühlt, durch Wärme weniger erwärmt, als etwa ein Leichenteil oder sonst irgend ein lebloser Gegenstand. Bringt man Eis mit einem Körperteile noch so lange in Verbindung, so bleibt der Teil stets etwas höher temperiert als das Eis (sofern nicht schliesslich das Leben des Teils durch Gangrän vernichtet wird); erwärmt man ihn durch Kataplasmen, so wird er nie so warm als das Kataplasma. Die Ursache für diese Erscheinung liegt nicht weit: die Durchströmung mit dem Blute von konstanter Temperatur, die immer höher als die angewandte Kälte- und immer niedriger als die Wärmeapplikation ist, bewirkt es, dass kein vollständiger Temperaturausgleich, wie zwischen toten Medien, stattfindet. Hierdurch werden die lebenden Gewebe vor allzu differenten Temperaturen geschützt. Gegen die Einwirkung von Kälte besteht ausserdem eine Schutzwehr in der reflektorischen Hyperämie der unter der gekühlten Stelle gelegenen Muskelschicht; dieselbe verhindert ein zu rasches Eindringen der Kälte zu den tieferen Organen. Bei langer, intensiver Wärmeableitung und -zufuhr erlahmen allerdings diese Schutzmittel, und es gelingt stets jeden Körperteil in jede beliebige Tiefe zu durchkühlen und zu durchwärmen. In den durchkühlten Particen wird der Stoffwechsel verlangsamt, Entzündungen verlaufen in der Kälte wesentlich langsamer und milder, Gährungs- und Fäulnisprozesse werden gehemmt; das Umgekehrte gilt von der Durchwärmung, namentlich wird die Eiterbildung durch sie mächtig angeregt.

Der lokalen Kälteapplikation folgt nach dem Aufhören des thermischen Eingriffes eine Wiedererwärmung, die durch erhöhte Temperatur der umgebenden Luft (z B. Bettwärme) und durch aktive und passive Muskelbewegungen (Gymnastik, Frottieren) gesteigert werden kann. Der Wärmeapplikation folgt eine Wiederabkühlung, die durch kühle Umgebungstemperaturen und ebenfalls durch Bewegungen beschleunigt werden kann.

Die allgemeine Körpertemperatur wird durch lokale thermische Einwirkungen erst dann verändert, wenn das Applikationsterrain ein Viertel der Körperoberfläche ausmacht (antipyretische Wirkung der kalten Stammumschläge).

Betrachten wir nun die allgemeine Abkühlung und Erwärmung.

Auch der gesamte Körper besitzt automatische Schutzmittel zur Wahrung seiner Eigentemperatur gegen thermische Angriffe. Gegen die Kälte wehrt er sich vornehmlich durch Beschränkung der Hautzirkulation (Blässe, Gänsehaut), wodurch eine kollaterale Hyperämie der darunter liegenden Muskelschicht zu Stande kommt, die wie ein wärmender Mantel die inneren Organe umschliesst und das zu rasche Eindringen der Abkühlung verhindert. Gegenüber dem Wärmeangriffe zieht der Körper die Schleusen der Hautsekretion auf; die Zirkulation in der Haut wird stark beschleunigt, und es kommt zum Schweissausbruche, wodurch überschüssige Wärme abgegeben wird. Aber auch diese beiden allgemeinen Schutzmittel des Organismus gegen Wärme und Kälte können ebensowenig als die lokalen einer genügend langen und intensiven Temperatureinwirkung Stand halten, d. h. wir vermögen durch eine intensive Wärmeentziehung (namentlich wenn die kälteabwehrende Hautgefässkontraktion durch Frottieren rasch gelöst wird) die Körpertemperatur beliebig herabzusetzen, durch Wärmezufuhr sie beliebig zu steigern. Beiden Veränderungen der Körpertemperatur folgt nach einiger Zeit die Rückkehr zur Norm, aber nicht ohne Weiteres, sondern erst nach dem Dazwischentreten einer kompensatorischen Temperaturänderung, dergestalt, dass die primäre Temperaturherabsetzung von einer reaktiven Steigerung, die primäre Temperaturerhöhung von einer reaktiven Senkung abgelöst wird und darnach erst das normale Verhalten eintritt.

Wie äussert sich nun die Wirkung der thermischen Eingriffe auf die Stoffwechselvorgänge des Körpers? Die allgemeine Kälteapplikation bewirkt, so lange sie nur als Reiz auf den Körper einwirkt, eine (primäre) Beschleunigung der Oxydationsvorgänge, sobald es ihr aber gelungen ist, die Körpertemperatur wirklich herabzusetzen, eine Verlangsamung des Stoffwechsels. Mit der kompensatorischen Temperatursteigerung tritt auch eine abermalige Stoffwechselbeschleunigung (vermehrter Eiweisszerfall) ein. Hierdurch ergiebt sich die Möglichkeit einer methodischen Beeinflussung des Stoffwechsels. Kurzdauernde kalte Prozeduren von mässiger Intensität (z. B. Abreibungen) beschleunigen den Stoffwechsel und regen gleichzeitig den Appetit an; die Folge ist eine Zunahme des Körpergewichts. Durch intensivere kalte Prozeduren mit möglichst gehemmter reaktiver Nachwirkung (kühle Halbbäder, nach denen Stammumschläge appliziert werden) erzielt man eine Retardation des krankhaft beschleunigten Stoffwechsels (im Fieber). Starke Wärmeentziehungen mit intensivstem Nervenreize und ungehinderter Reaktion verursachen trotz genügender Nahrungszufuhr infolge des starken Eiweisszerfalls eine Abnahme des Körpergewichts (kalte Vollbäder bei Fettleibigkeit). — Die Applikation von Wärme hat im Anfange eine Verminderung, bei wirklicher Erhitzung des Organismus eine Steigerung des Stoffwechsels zur Folge, die im Vereine mit dem Wasserverluste durch das Schwitzen sich durch eine Abnahme des Körpergewichts (bis um 5 Pfund nach der einzelnen Schwitzprozedur) äussert. Nach methodischen Schwitzkuren zeigt sich jedoch infolge der gesteigerten Assimilation bei erhöhter Nahrungszufuhr eine Zunahme des Körpergewichtes.

Wir vermögen weiterhin mit thermischen Eingriffen Anomalieen der Se- und Exkretionsfunktionen, die auf nervöser Depression oder Irritation beruhen, durch Beeinflussung der Innervation zu beseitigen. Durch kalte und warme, sowie durch erregende Prozeduren lassen sich ferner Störungen der Sekretion, die von krankhaften Organveränderungen abhängen, ebenfalls oft beseitigen. Am deutlichsten zeigt sich der Einfluss thermischer Eingriffe auf die sekretorischen Hautfunktionen. Die unmerkliche Verdunstung von Wasser und Kohlensäure vom Blute aus durch die Haut hindurch wird gesteigert, indem das Blut mächtig an die Oberfläche gezogen, und die Epidermis erreicht und durch vermehrte Abstossung der oberflächlichsten Schichten verdünnt wird. Weit wichtiger noch ist die Anregung der Schweisssekretion. Der Schweiss entlastet nicht nur, wie schon erwähnt, den Körper von überflüssiger Wärme, sondern er entzieht auch dem Blute eine Menge Wasser, bewirkt dadurch eine vermehrte Diffusion aus den Geweben zu den Blutgefässen und damit eine erleichterte Resorption von Exsudaten u. dgl. Mit dem Schweisse werden Auswurfstoffe, nach neueren Forschungen anscheinend auch Bakterien, aus dem Körper entfernt. Rechnen wir hinzu den bekannten Antagonismus zwischen der Hautthätigkeit einerseits und der Funktion der Lungen, Nieren und des Darmes (starkes Schwitzen macht Obstipation) andererseits, so haben wir die vielfache therapeutische Verwertbarkeit der Schweissabsonderung wenigstens flüchtig angedeutet.

B. Mechanische Wasserwirkungen.

Wir unterscheiden die mechanischen Wirkungen des Wassers an sich und die willkürlichen mechanischen Eingriffe, welche wir mit hydriatrischen Prozeduren verbinden. Von den ersteren verdient zunächst der Druck der Wassermasse im Bade Beachtung. Er giebt sich zu erkennen durch das Gefühl der Beengung beim Atmen, durch die grössere Anstrengung, welche die Respirationsmuskeln zur Erweiterung des Thorax machen müssen, durch Entweichen von Darmgasen, durch Verdrängung des Blutes aus den Hautgefässen, die eine Zunahme des Blutdrucks in den inneren Organen zur Folge hat. Die übrigen mechanischen Wirkungen des Wassers (Bewegung, Stoss, Fall, Reibung), und ebenso die selbständigen mechanischen Eingriffe, wie Frottieren, Kneten u. s. w. wirken ähnlich den thermischen Reizen und unterstützen dieselben in ihrer Wirksamkeit. Sie beeinflussen in verschiedenem Grade — je nach ihrer Stärke und Dauer — sowohl das lokale Nervengebiet (Erhöhung und Herabsetzung der Reizbarkeit bis zum temporären Erlöschen der Nerventhätigkeit) als auf dem Wege der Fortleitung und des Reflexes auch entfernte Partieen des Nervensystems (revulsive Methode), verändern rasch die Zirkulation, beseitigen Stasen und beschleunigen durch schnelle Lösung des primären Gefäss-krampfes den Effekt wärmeentziehender Prozeduren. Besonders mächtig ist die erschütternde Wirkung der Fallbäder; dieselbe ist ein energischer Motor für die Blut-. Lymph- und Saft-bewegung; sie beschleunigt dadurch den Umsatz von Zerfalls-produkten, die Resorption von Exsudaten, sie übt einen be-sonders starken Reiz auf das Nervensystem aus, führt eine rasche und kräftige Reaktion auf den thermischen Angriff herbei u. s. w. Endlich ist die Wirkung der mechanischen Faktoren auf die Oberhaut nicht zu unterschätzen; die hier-durch beförderte Lockerung der Oberhaut, die Entfernung des in den Drüsenausführungsgängen stockenden Sekretes macht die Haut zur Verrichtung ihrer Funktionen geeigneter und wirkt im Verein mit der Beschleunigung der Blutzirkulation auf ihren Turgor und ihre Ernährung verbessernd ein.

Im Anschlusse an die bisherigen Ausführungen und mit Übergehung der unbedeutenden chemischen Wirkungen des reinen Wassers (hauptsächlich durch seinen geringen Kohlen-säuregehalt bedingt) und der noch wenig erforschten Ver-änderungen der elektrischen Erregbarkeit durch äusserliche Wasseranwendungen wollen wir noch dem innerlichen Ge-brauche des Wassers, speziell seiner Einführung in den Ver-dauungstraktus per os und per anum, einige Worte widmen. Für den Gebrauch des kalten Wassers zeigte Winternitz durch vergleichende Temperaturmessungen in der Achsel, im Magen und im Rektum, dass sowohl nach dem Trinken von einem halben Liter kalten Wassers als nach einem Klystiere die Tem-peratur an allen drei genannten Stellen für längere Zeit sank, und zwar wies nach dem Trinken der Mastdarm, nach dem Klystiere der Magen die erheblichste Abkühlung auf. Zugleich nahm auch die Pulsfrequenz ab. Wir haben somit in dem inner-lichen Gebrauche des kalten Wassers ein mildes Antipyretikum, mit dem wir ausserdem die Temperatur der Unterleibsorgane regulieren können. Ferner wirkt das Wasser, in kleinen Mengen getrunken oder im Klystiere, als Reiz auf die Peristaltik und die Verdauungssekretionen. In grossen Mengen genossen, ruft kaltes Wasser Frösteln und Magendruck hervor und hemmt die Verdauung. Eiskaltes Wasser, noch besser Eis, in ganz kleinen Quantitäten genommen, stumpft die Magennerven ab und beseitigt daher Brechreiz. Durch eine methodische Kombination von reichlichem Wassertrinken und längeren Durstpausen gelingt es, Produkte des retardierten

Stoffwechsels, namentlich harnsaure Verbindungen, durch den Urin in gelöstem Zustande zur Ausscheidung zu bringen. Regelmässiges reichliches Wassertrinken wirkt ausser der Verdünnung des Magensaftes auch mechanisch: die Speisen werden teilweise noch unverdaut aus dem Darme herausgeschwemmt, es geht daher trotz gleichbleibender Nahrungszufuhr weniger Nährmaterial in den Organismus über, der infolgedessen abmagert. Der Erfolg der abführenden Brunnen (Karlsbad, Marienbad) bei Fettleibigkeit beruht gewiss nicht zum kleinsten Teile auf dieser mechanischen Wasserwirkung. — Das warme Wasser befördert bei innerlichem Gebrauche die Schweiss- und Urinsekretion, wird aber seines faden Geschmackes halber nicht gern rein, sondern meist in anderer Form als Limonade, warmer Brunnen, Thee u. dgl. genommen. Zahlreiche sonstige Einzelheiten über die innerliche Wasserwirkung werden späterhin zur Sprache kommen.

Wir haben im Vorstehenden nur eine knappe Übersicht über die Art und Weise der hydriatrischen Wirkungen gegeben, da die genauere Detaillierung sich besser an die Besprechung der einzelnen Prozeduren anknüpfen lässt. Aber auch schon aus dem Gesagten ergab sich, in welch mannigfaltiger Weise wir die Innervation und Zirkulation, die Wärmeproduktion und -abgabe, die Ernährungs- und Stoffwechselvorgänge, die Se- und Exkretionen mit hydriatrischen Eingriffen zu beeinflussen im stande sind, und welch vielseitige therapeutische Verwendbarkeit wir daher von denselben zu erwarten haben. Die Technik dieser Eingriffe, die für deren physiologische Wirkung von wesentlicher Bedeutung ist, näher darzustellen, soll die Aufgabe des folgenden Abschnittes sein.

Zweiter Abschnitt.

Die Technik der Hydrotherapie.

Die Hydrotheraphie besitzt eine sehr ausgebildete Technik, deren gründliche Kenntnis die erste Vorbedingung zur Erzielung präziser Wirkungen ist. Man unterscheidet die äussere Anwendung des Wassers in seinen drei Aggregatformen, also die Applikation auf die Haut, von dem innerlichen Gebrauche, wobei das Wasser durch die natürlichen Körperöffnungen in die Höhlen des Körpers oder durch subkutane Injektion in das Unterhautzellgewebe gebracht wird. Bei der äusseren Wasseranwendung trennt man wieder die direkte Applikation, bei welcher das Wasser den Körper unmittelbar berührt, von der indirekten, bei welcher es durch andere Medien, wie Schwämme, Badelaken, mit der Haut in Kontakt tritt. Endlich rechnen wir zur Hydrotherapie im weiteren Sinne, indem wir sie ganz allgemein als eine Thermotherapie auffassen, noch diejenigen Prozeduren, bei denen nicht Wasser, sondern eine andere Feuchtigkeit, z. B. Moorerde, Leinsamenbrei, als Träger bestimmter Temperaturen dient, und auch diejenigen, bei denen wir trockene Kälte und Wärme, wie beim Eisbeutel, bei der trockenen heissen Einpackung, zur Anwendung bringen. Man kann ausserdem die Prozeduren einteilen in kalte und warme bezw. heisse, sowie in allgemeine, welche den ganzen Körper betreffen, und lokale, welche auf einzelne Körperteile appliziert werden. Wir werden alle diese Gesichtspunkte, soweit sie praktische Geltung haben, bei der Gliederung dieses Abschnittes berücksichtigen. Zunächst geben wir eine Übersicht der zahlreichen Anwendungsformen des Wassers.

A. Direkte Applikation.

1. Das Vollbad (kalt und warm).
2. Das Halbbad.
3. Die Teilbäder:
   a) Hinterhauptsbad,
   b) Ellenbogenbad,
   c) Handbad,
   d) Sitzbad,
   e) Fussbad.
4. Die Fallbäder:
   a) Douche,
   b) Sturzbad,
   c) Übergiessung.
5. Die Dampfbäder.

B. Indirekte Applikation.

1. Die Abwaschung.
2. Die Abreibung und das Lakenbad.
3. Die Einpackung.
4. Die Umschläge.
5. Die Apparate zur Anwendung trockener Kälte und Wärme.

C. Innerliche Anwendung.

1. Das Wassertrinken.
2. Die Ausspülungen bezw. Einspritzungen in die Körperhöhlen.
3. Die subkutane Wasseranwendung.

Ehe wir uns der speziellen Beschreibung zuwenden, müssen wir auf zwei wichtige Hilfsinstrumente aller hydriatrischen Technik hinweisen; das sind die Uhr und das Badethermometer. Wenn auch die hydriatrische Therapie vielleicht mehr als eine andere auffordert zu individualisieren, die Reaktionskraft des einzelnen Organismus zu berücksichtigen, so sind doch zur Erzielung bestimmter, gewollter Wirkungen feste Normen für die Durchschnittsfälle, Angaben der Minimaldosen, welche für den vollen Effekt genügen, und der Maximaldosen, welche ohne Gefahr der Qualitätsänderung oder schädigender Nebenwirkungen noch berechtigt sind, unbedingt notwendig, wenn nicht der Arzt mit seinen Heilversuchen vollständig im Dunkeln tappen soll. Geboten ist deshalb zunächst die genaue Bestimmung der Dauer einer Prozedur nach Minuten und event. selbst nach Sekunden. Jeder hydriatrische Eingriff erfordert seine bestimmte Zeit;

unter derselben entfaltet er nicht die volle Wirkung (z. B.
ungenügende Wärmeentziehung im Fieber), über dieselbe ausgedehnt ändert er seine Wirkung (z. B. ein kalter Umschlag,
zu lange liegen gelassen, wird warm) oder hat schwere
Schädigungen der Gesundheit und sogar Lebensgefahr (vergl.
heisse oder kalte Vollbäder) zur Folge. Das zweite ist die
Angabe der Temperatur des Eingriffs, und zwar, nach der in
Deutschland für Badezwecke üblichen Weise, in Graden nach
Réaumur (4° R. = 5° C.). Was für den Elektrotherapeuten
das Galvanometer, ist für den Hydriater das Thermometer;
es wäre ebenso unrationell ohne Temperaturbestimmung irgend
einen hydriatischen Eingriff — und zwar nicht etwa bloss
Bäder, sondern auch jede andere Prozedur — vorzunehmen,
als ohne Galvanometer mit dem konstanten Strome zu behandeln. Genaue Bezeichnung der Dauer und Temperatur
ist also ein unumgänglich notwendiger Bestandteil der hydriatrischen Rezeptur.

Sämtliche Prozeduren sind nur im gut durchwärmten
(15—18° R.) und ventilierten Zimmer vorzunehmen. Der Körper
muss, wenn es sich um ausgedehntere Kälteprozeduren handelt,
vor dem Eingriffe warm sein, wie dies z. B. am Morgen nach
einer wohl durchschlafenen Nacht der Fall ist. Die beste
Zeit zur Vornahme allgemeiner Anwendungen ist einige Stunden
nach einer Mahlzeit. Nüchtern vertragen anämische und
schwächliche Patienten Abkühlungen nicht gut; ihnen muss
man einige Zeit vorher ein Glas warmer Milch u. dgl. geben.
Das Verhalten nach dem Eingriffe (Bewegung, Ruhe, Schlaf)
richtet sich nach der Art derselben und der Indikation; hierüber ist auf die speziellen Angaben im Folgenden zu verweisen.

Wir gehen nunmehr an die Darstellung der einzelnen
Prozeduren, indem wir bei jeder derselben Technik, Wirkungsweise, Indikationen und Kontraindikationen besprechen.

A. Direkte Wasseranwendung.

1. Das Vollbad.

Technik. Vollbäder werden (abgesehen von den kalten,
s. u.) meist in den gewöhnlichen Badewannen aus Zinkblech
mit Holzboden genommen, die für Erwachsene und Kinder
verschiedene Grösse haben (billigster Preis für eine grosse
Wanne 18—20, für eine Kinderwanne 8 Mk.). Für Kinder
sind in den ärmeren Familien ovale Holzschäffer von verschiedenem Umfange in Gebrauch. Oft sind die Metallwannen
mit Badeöfen verbunden, in denen das Wasser erwärmt, und

aus denen es direkt in die Wanne geleitet wird, eine Einrichtung, die ihrer Bequemlichkeit halber für die Badezimmer
der Privatwohnungen zu empfehlen ist. Die zweckmässige
Ausstattung eines Badezimmers erfordert, ausser der Wanne:
Heizbarkeit, Steinfussboden, Ölanstrich der Wände und un-
durchsichtige Fenster, kalte und warme Wasserleitung oder
statt letzterer Badeofen, Douchevorrichtung, Kleiderhaken,
Ruhebank, Holzlattenrost und Kokosteppich für die Füsse,
Zimmer- und Badethermometer. Die Zinkblechwanne ist durch
häufiges Scheuern mit Zinnsand und Soda sauber zu halten.
Dauerhafter, aber auch teurer sind kupferne Wannen. In
Badeanstalten sind oft statt der Wannen Bassins in den
Boden eingelassen, deren Wände aus Steingutfliessen oder
Marmortafeln gemauert sind. Für Schwerkranke muss die
Wanne neben das Bett gestellt werden, wozu sie am besten
auf Rollen geht, und zwar so, dass ihr Kopfende dem Fussende des Bettes entspricht. Das Zimmer, in welchem gebadet
wird, soll auf 17° R. erwärmt und darf keinesfalls kälter als
15° R. sein. Das Wasser muss dem Badenden in halbsitzen-
der Stellung im Vollbade bis an den Hals reichen. Man
braucht hierzu für einen Erwachsenen 200—300 Liter (20 bis
30 Eimer à 10 Liter), für ein Kind 50—150 Liter (5 bis
15 Eimer) Wasser. Er wird so lange abwechselnd heisses
und kaltes Wasser eingeschüttet und mit dem Arme oder mit
grossen Holzstäben gut durcheinander gemischt, bis das im
Wasser schwimmende Thermometer den gewünschten Tem-
peraturgrad anzeigt. Auf manche technische Einzelheiten beim
Baden Schwerkranker kommen wir noch im nächsten Abschnitte zu sprechen.

Man unterscheidet lauwarme, heisse und kalte Bäder.

a. Lauwarme Vollbäder.

Dieselben haben eine Temperatur von 24—29° R.

Wirkungsweise. Die etwas niedrigeren Temperaturen
wirken schwach wärmeentziehend, die höheren, welche sich
der Blutwärme nähern, beruhigend und mässig wärmestauend,
bei längerer Dauer, wenn sich das Wasser inzwischen abkühlt, ebenfalls wärmeentziehend. Der letztere Effekt kann
durch Nachfüllen von warmem Wasser ausgeschlossen werden.
Die gleichmässige milde Wärme, welche den Rumpf und die
Extremitäten umgiebt, wirkt im Verein mit dem Drucke der
Wassermasse bei protrahierter Anwendung erschlaffend auf
die Glieder, krampflösend und schmerzstillend. Die schwache

Wärmestauung hat einen Blutandrang zum Kopfe zur Folge,
welcher bei schon bestehender Neigung zu Kopfkongestionen,
bei Gehirn- und Augenkrankheiten (z. B. hochgradiger Myopie
mit Gefahr der Netzhautablösung), bei Arteriosklerose, Schaden
bringen kann. Ein kalter Umschlag auf den Kopf mildert
die Folgen der Wallung. Die erschlafften Hautgefässe werden
nach dem Bade zweckmässig durch eine kalte Regendouche
von $\frac{1}{4}$—$\frac{1}{2}$ Minute Dauer zur Kontraktion gebracht. Darnach
folgt leichtes Abtrocknen (durch Auflegen der Hände auf ein
grosses Frottiertuch, das um den ganzen Körper geworfen
wird) und je nach dem Falle Bettruhe oder ein kräftiger
Spaziergang.

Indikationen. Lauwarme Vollbäder dienen zunächst
als diätetisches Mittel zur Hautreinigung; hierzu genügt eine
Dauer von 10 Minuten. Länger (bis zu einer Stunde) dauernde
werden zur Beruhigung nervös-reizbarer Personen und gegen
Schmerzen neuralgischer, rheumatischer, gichtischer Natur angewandt. Viel gebraucht als Beruhigungs- und Schlafmittel
sind sie namentlich bei Kindern; man giebt sie gewöhnlich
Abends 20—30 Minuten lang, wickelt das Kind darnach in
das event. etwas angewärmte Abtrockentuch, reibt es darin
rasch trocken und bringt es zu Bette.

Eine wichtige Verwendung, die ihrer technischen Besonderheiten wegen eine genauere Besprechung verdient, findet das
blutwarme Bad als sogenanntes permanentes Wasserbad
oder Wasserbett bei Verbrennung des grössten Teils der
Körperoberfläche, bei Pemphigus chronicus, bei den Folgezu-
ständen schwerer Gehirn- und Rückenmarksleiden (Paraplegie
der unteren Extremitäten, Blasen- und Darmlähmung, Dekubitus), wogegen die ehemals beliebte Anwendung bei Quetsch-
wunden u. dgl. dem aseptischen Okklusivverbande hat weichen
müssen. Das permanente warme Wasserbad wirkt durch Beruhigung der Hautnerven und infolge des Luftabschlusses
schmerzlindernd und Infektion verhütend, es garantiert freien
Abfluss der Wundsekrete und befördert das Aufschiessen
frischer Granulationen. Technisch ist folgendes zu beachten.
In der Wanne wird ein Gestell aus Hanfgurten, oder mangels
eines solchen eine Hängematte oder ein Betttuch mittels der
vier äusseren Ringe des Wannenrandes aufgespannt, worauf
der Kranke ruht, während sein Kopf auf einem Luftkissen
erhöht liegt, und die Schultern noch durch darunter geschnallte
Riemen gestützt werden. Weiterhin ist es wichtig, für beständige Reinheit und gleichmässige Temperatur des Wassers
zu sorgen. Beides wird erreicht, indem die Wanne mit Ab-

flusshahn auf zwei starke Klötze gehoben, unter den Hahn ein Eimer gestellt, und nun von Zeit zu Zeit nach Massgabe eines beständig in der Wanne hängenden Badethermometers Wasser abgelassen und frisches warmes zugeschüttet wird. Noch besser ist es, wenn man durch ein Zuflussrohr, welches mit einem Badeofen in Verbindung steht, kontinuierlich warmes Wasser zuströmen und das verbrauchte auf der andern Seite abfliessen lassen kann. Um die schnellere Abkühlung des Wassers durch die Zimmerluft zu verhüten, wird die Wanne mit wollenen Decken oder einem grossen Stück Guttapercha soweit bedeckt, dass nur eine Lücke für den Kopf bleibt. In diesem Wasserbette liegt der Kranke nötigenfalls monatelang Tag und Nacht und verlässt es nur zur Befriedigung seiner Bedürfnisse. Im allgemeinen ist das permanente Wasserbad selbst in der beschriebenen einfachsten Form für das Haus wohl noch zu unbequem und daher mehr für die Hospitalbehandlung geeignet.

Wir haben nun noch die medizinischen Bäder zu betrachten, bei denen die Wirkung des indifferenten lauen Bades durch darin aufgelöste chemische Stoffe unterstützt wird, welche teils hautreizend, teils nervenberuhigend, teils auf eine erkrankte Hautfläche (bei Hautkrankheiten) spezifisch chemisch wirken. Eine vierte, früher vorzugsweise betonte Indikation, die Resorption gelöster Medikamente von der unversehrten Haut aus, muss heutzutage, so lange nicht beweiskräftigere Experimente dafür sprechen, fallen gelassen werden. Die in der Praxis gebräuchlichsten medizinischen Bäder sind:

Salzbäder, am besten mit Stassfurter Badesalz (der Zentner für 2,50 Mk.) oder in der Armenpraxis mit dem noch billigeren Viehsalz (der Zentner für 1,70 Mk.) hergestellt; die teuren Mutterlaugen sind wohl überflüssig. Die Lösung soll 2—3% sein; es sind demnach z. B. für ein Kinderbad von 100 Litern (10 Eimern) Wasser reichlich 2 Kilo, d. h. ungefähr ein Quarttopf voll Salz*) erforderlich. Die Salzbäder wirken stark hautreizend, befördern die Zirkulation in der Haut, entlasten dadurch die inneren Organe und beleben den Stoffwechsel. Mit Vorliebe werden sie bei skrophulösen, rhachitischen, anämischen Kindern verwandt. Häufig lässt man dem Bade — in diesem Falle zweckmässig als Halbbad (s. u.) verabreicht — in der Wanne eine Abwaschung mit kühlem Salzwasser (1 Esslöffel Salz auf 1 Liter Wasser) folgen, wodurch die anregende Wirkung noch verstärkt wird.

---

*) Das spezifische Gewicht des Salzes ist = 2,1.

Seifenbäder ($\frac{1}{4}$ — $\frac{1}{2}$ Pfd. geschabte Hausseife oder Schmierseife oder 60—100,0 Seifenspiritus zum Bade) und Sodabäder ($\frac{1}{2}$—2 Pfd. Soda oder $\frac{1}{4}$—1 Pfd. rohe Pottasche) dienen als hautreizendes und reinigendes Mittel bei verschiedenen Hautkrankheiten, namentlich bei Acne vulgaris und schwieligen Formen von Ekzem, zur Reinigung eiternder Geschwüre und Wunden und zur Erweichung von Narben.

Hautreizend und die Nerventhätigkeit anregend wirken ferner die aromatischen, die kohlensauren und die Senfbäder. Aromatische oder Kräuterbäder werden bereitet, indem man 2 Liter Aufguss von Kamillen oder Pfefferminze oder Species aromaticae (je $\frac{1}{2}$ Kilo) dem Bade zusetzt; denselben Wert haben die Fichtennadelbäder, mit Zusatz von 200—500,0 Fichtennadelextrakt zum Bade. Kräftiger wirken die Kohlensäurebäder, die am besten mit den Sandowschen Badeingredienzen — Natr. bicarb. und Natr. bisulf. in zwei Kistchen — hergestellt werden, indem Kiste Nr. I in das Bad ausgeschüttet wird, der Badende sich hineinsetzt und nun den Inhalt von Nr. II am Boden der Wanne niederlegt. Für Kinder genügt je ein Viertel der beiden Bestandteile. Dieselben Zusätze lassen sich auch zu Salzbädern hinzufügen; dagegen haben kohlensaure Eisenbäder keinen Zweck, da das Eisen doch nicht resorbiert wird. Am stärksten hautrötend sind Senfbäder, die man durch Umrühren von 100—250,0 Senfmehl im Bade oder durch Zusatz von 2,0 Senföl (in 25,0 Weingeist gelöst) erhält; dieselben werden manchmal bei Kollapszuständen der Kinder als Reizmittel angewandt.

Reizmildernd sind die Kleienbäder; man bereitet sie, indem man 1—3 Pfd. Weizenkleie in einem Beutel mit 4 bis 6 Litern Wasser abkocht und den Absud dem Bade zusetzt.

Zu dermatotherapeutischen Zwecken dienen Theerbäder — der Patient wird an den erkrankten Stellen mit Tinct. rusci bepinselt und dann ins warme Wasserbad gesetzt —; Schwefelbäder, durch Zusatz von 2—3 Esslöffeln Schwefelleber (Kalium sulfurat. pro baln.) bereitet, in der Hauspraxis wegen des Gestankes von Schwefelwasserstoff möglichst zu meiden, und Sublimatbäder mit 2—10,0 Sublimat zum Bade, nur in Holzwannen zu geben.

Alle die genannten medizinischen Bäder lassen sich auch als Teilbäder (s. unten) mit demselben Prozentverhältnis der Zusätze verwenden. Andere, früher viel gebräuchliche Bäder, wie z. B. die schon genannten Eisenbäder, die Malzbäder, die Milch-, Blut- und Weinbäder, sind überflüssig, da es sich

auch bei ihnen nur um die Wirkung des lauwarmen Bades,
event. mit verstärkter Hautreizung oder Nervenberuhigung,
handelt.

b. Heisse Vollbäder.

Sie haben eine Temperatur von 30—35° R. und sind nur
5—10 Minuten lang zu gebrauchen; je höher temperiert, desto
schneller müssen sie abgebrochen werden.

Wirkungsweise. Die heissen Vollbäder kommen, abgesehen von den natürlichen Thermen (Akratothermen, Wild-
bädern), die übrigens zum Teil nur laue Bäder darstellen,
hydriatrisch nur für wenige bestimmte Indikationen zur Verwendung, da sie grosse Vorsicht erfordern. Sofort nach dem
Einsteigen ins Bad macht sich eine strotzende Blutfüllung der
Haut bemerkbar, die inneren Organe werden entlastet, Puls
und Atmung beschleunigt, der Stoffwechsel mächtig angeregt.
Bei weiterer Einwirkung des heissen Bades kommt auch an
den inneren Organen der Effekt der dauernden Durchströmung
mit überhitztem Blute zur Geltung; so können sich z. B. von
seiten des Gehirns Schwindelgefühl, bei Atheromatose sogar
Gehirnblutungen einstellen. Eine Eisblase auf den Kopf ist
deshalb bei heissen Bädern eine unerlässliche Vorsichts-
massregel.

Indikationen sind Linderung schmerzhafter Zustände
aller Art (Koliken, Cardialgie, rheumatische und neuralgische
Affektionen u. s. w.) und energische Steigerung des Stoffwechsels, z. B. bei veralteter Syphilis, bei alten Exsudaten,
bei chronischen Intoxikationen (Blei), bei der Gicht. Für
letzteren Zweck lässt man gern heisse Prozeduren mit kalten
abwechseln, also etwa: Dampfbad — kaltes Vollbad — heisses
Vollbad — kalte Übergiessung. Übrigens ist in jedem Falle
nach dem heissen Bade eine kalte Übergiessung vorzunehmen,
um eine dauernde Erschlaffung der Hautgefässe und Verweichlichung der Haut zu verhüten. Nur wenn das heisse
Bad zur vorbereitenden Wärmestauung für Schwitzpackungen
dient, in denen der Badende »nachschwitzen« soll (wie dies
regelmässig in den Thermen geschieht), lässt man die Packung
unmittelbar sich daran anschliessen und giebt erst zum Schlusse
der ganzen Prozedur die tonisierende Abkühlung.

Kontraindikationen sind Herz-, Gefäss-, Gehirn- und
Lungenkrankheiten.

Eine spezielle Art des heissen Bades stellen die Moorbäder dar. Ihr häufiger Gebrauch beruht auf der Thatsache,
dass in dem Schlamme der Moorerde heisse Temperaturen

länger ertragen werden, als im blossen Wasser. In den natürlichen Moorbädern, wie sie in Elster, Franzensbad, Flinsberg,
Muskau u. s. w. verabreicht werden, kann der Badende eine
halbe, ja selbst eine ganze Stunde zubringen. Dasselbe gilt
für die im Hause künstlich (mit 1 Flasche Mattonis Moor-
lauge oder 1 Kilo Mattonis Moorsalz auf ein Vollbad) berei-
teten Moorbäder nur dann, wenn sie durch Hinzufügen von
Erde ebenfalls in breiige Konsistenz gebracht werden. Da
dies für Vollbäder sehr umständlich ist, bevorzugt man im
Hause die bequemeren Moorteilbäder oder Moorumschläge
(s. u.). — Die Indikationen und Kontraindikationen für Moorbäder sind die der heissen Wasserbäder.

Zu den heissen Bädern kann man auch die Sandbäder
rechnen. Hierbei wird der auf warmem Sande in der Badewanne ruhende nackte Körper mit einer Schicht trockenen,
warmen Sandes überdeckt. Die Temperatur des Sandes kann
zwischen 28 und 40° R. schwanken. Auf den Kopf kommt
ein kalter Umschlag, nach dem Bade (von $\frac{1}{2}$ — 1 Stunde
Dauer) folgt eine kurze kühle Regendouche. Wirkungsweise
und Indikationen wie bei den Moorbädern; nur wirkt die
trockene Wärme in erhöhtem Masse schmerzstillend, daher
die günstige Wirkung der Sandbäder bei chronischem Gelenkrheumatismus und manchen Neuralgieen (Ischias). Ebenso
nützlich sind auch lokale Sandbäder für die Hände und Füsse,
die man mit einem Topfe voll Sand, der im Ofen erhitzt wird
(vor dem Gebrauche Thermometer hineinstecken!), in jedem
Haushalte bequem herrichten kann. Auch diesen Lokalbädern
lässt man eine kurze kalte Prozedur (Teilwaschung) folgen.

c. Kalte Vollbäder,

in der Temperatur von 6—12° R., erfordern eine besondere
Technik. Sie werden nicht in Wannen, sondern in
grossen Bassins oder Bottichen gegeben, in welchen zu der
thermischen noch die mechanische Wirkung eines sehr starken
Wasserdruckes hinzukommt und Raum zu ausgiebiger Bade-
gymnastik (event. Schwimmen) gegeben ist. Im Hause
kommen sie deshalb kaum je zur Anwendung, häufiger dagegen in Wasserheilanstalten, wo man geräumige, 1½ Meter
tiefe Kufen mit fortwährendem Zu- und Abfluss hat, die mit
frischem Quellwasser gespeist werden. Der Patient, der vorher seine Haut durch ein Dampfbad oder eine heisse Einpackung stark erwärmt hat, steigt, ohne vorher die Haut zu
benetzen, rasch ins Bad, macht sich darin tüchtig Bewegung
mit Armen und Beinen und durch mehrmaliges Untertauchen,

und verlässt das Bad nach einer halben bis höchstens einer
Minute, worauf er kräftig frottiert wird und sich entweder zu
Bette begiebt oder einen längeren Spaziergang macht.

Wirkungsweise. Nach dem Eintauchen des vorher
warmen Körpers in das kalte Bad wird die Haut sofort blass
und kalt, und der Badende fröstelt; aber schon nach wenigen
Sekunden ist die Haut wieder rot und heiss geworden und
ein angenehmes Wärmegefühl eingetreten — die Folge der
natürlichen Reaktion, unterstützt durch die möglichst energischen Bewegungen des Badenden, denen der mächtige Wasser-
druck den Charakter von Widerstandsbewegungen verleiht,
und weiterhin durch die kräftige Frottage nach dem Bade.
Auf zwei Punkte ist bei dem kalten Vollbade das Haupt-
gewicht zu legen: auf eine genügende Anstauung von Wärme
in der Haut vor dem Bade und auf rechtzeitiges Verlassen des
Bades. Die vorherige Überhitzung der Haut schützt diese
gegen allzugrossen Wärmeverlust und dadurch den Körper
vor den Folgen einer zu starken Rückstauungskongestion;
andererseits macht sie durch Kontrastwirkung den Nervenreiz
zu einem äusserst intensiven und befördert den tonisierenden
Effekt auf die Hautgefässe, die dreimal rasch hintereinander
ihren Tonus in extremer Weise wechseln (maximale Erweiterung — maximale Verengerung — maximale Erweiterung durch
Reaktion). Ebenso wichtig ist es, das Bad rechtzeitig, d. h.
sofort mit dem Beginne der Reaktion, bezw. des behaglichen
Wärmegefühls, zu verlassen. Bei etwas längerem Verweilen darin
würde die Haut bläulich-cyanotisch werden (infolge der Überanstrengung des Hautgefässtonus), es würde Schüttelfrost — der
sogenannte zweite Frost — eintreten, und eine schwere Entzündung eines inneren Organes, z. B. der Lungen, ausgelöst
werden können. Das kalte Vollbad darf daher nur unter
ärztlicher Überwachung genommen werden. Richtig angewandt
wirkt es, wie wir gesehen haben, wärmeentwickelnd, nicht
wärmeentziehend; es ist also nicht etwa als Antipyretikum
in fieberhaften Krankheiten zu gebrauchen. Dagegen übt es
eine gewaltige Beeinflussung des Stoffwechsels aus, die sich
bei mehrwöchentlichem Gebrauche — natürlich nicht täglich,
sondern höchstens zwei bis drei Mal in der Woche — in einer
beträchtlichen Entfettung äussert.

Indikationen für das kalte Vollbad sind, robuste Konstitution und starke Widerstandsfähigkeit vorausgesetzt, alle
torpiden Ernährungsstörungen, wie Fettsucht, Syphilis, Gicht,
Rheumatismus und chronische Exsudate.

Kontraindiziert ist das kalte Vollbad bei schwächlichen und nervösen Naturen, hochgradigen Anämieen, fieberhaften Zuständen, bei Kindern und ferner bei Lungen-, Herz-, Gefäss- und Gehirnkranken.

Eine Modifikation des kalten Vollbades ist das von James Currie (1787) stammende, später in Vergessenheit geratene und neuerdings durch A. Krüche wieder eingeführte Tauch- oder Schwenkbad. Zu demselben eignet sich jede gewöhnliche Badewanne, die mit Wasser von 9—12° R. gefüllt wird. Der Badende wird auf ein Bettlaken gelegt und mittels desselben von mehreren Personen drei bis vier Mal auf je fünf Sekunden in das Wasser eingetaucht. Nach dem jedesmaligen Eintauchen lässt man ihn so lange auf dem Laken in der Luft schweben, bis man die Reaktionsröte auf der Haut bemerkt. Zuletzt wird er in eine wollene Decke gepackt und kräftig frottiert. Der in kurzen Pausen wiederholte flüchtige thermische Reiz bewirkt eine starke Anregung des Nervensystems und der Zirkulation, ohne dieselben schweren Anforderungen an die Widerstandskraft des Badenden zu stellen, wie das Vollbad. Man kann daher das Tauchbad bei Nervenleidenden, Morphinisten, Anämischen mit Nutzen verwenden. Currie gebrauchte es ursprünglich bei tropischen Fiebern.

Zum Schlusse unserer Betrachtung der Vollbäder sei noch mit einigen Worten der natürlichen kalten Bäder in Flüssen und im Meere gedacht. Das Flussbad steht, wenn nicht allzuniedrig temperiert genommen, einem kühllauen Wannenbade nahe, indem die niedrigere Temperatur durch die grössere Bewegungsfreiheit des Badenden und event. durch die mechanische Wirkung des Wellenschlages ausgeglichen wird. Das Flussbad ist daher als diätetisches Mittel für Gesunde von nicht zu schwächlicher Konstitution sehr nützlich; für Kranke wird man sich lieber der besser dosierbaren künstlichen Bäder bedienen. Die Seebäder üben einen mächtigen Nervenreiz aus, der aus den Wirkungen der niederen Temperatur, des Salzgehaltes und der starken Bewegung des Wassers kombiniert ist und eine erhebliche Reaktionsfähigkeit voraussetzt. Die Beurteilung aller bei den Seebädern in Betracht kommenden Faktoren, unter denen nicht in letzter Reihe das Seeklima steht, greift so sehr auf das Gebiet der Balneologie über, dass wir auf die einschlägigen Lehrbücher verweisen müssen.

2. Das Halbbad.

Der Name »Halbbad«, von Priessnitz herrührend, bedeutet, dass hierbei die Wanne nur zur Hälfte der gewöhnlichen Höhe mit Wasser gefüllt wird, nicht etwa, dass nur der halbe Körper mit dem Wasser in Berührung tritt; vielmehr werden auch hierbei alle Körperteile neben- und nacheinander vom Wasser bespült. Dass man aber die Wanne nur halb, etwa bis zur Höhe von 25 cm, füllt, hat den Zweck, dadurch Manipulationen mit dem Kranken, wie Übergiessungen, Massage, Frottierungen u. dgl., zu ermöglichen, die in der Wassermasse des Vollbades nicht oder nur schwer auszuführen sein würden, und ferner die mechanische Wirkung des Wasserdruckes, welcher den Vollbädern eigen ist, in Wegfall zu bringen. Da der letztere nur in verhältnismässig seltenen Fällen besonders erwünscht ist, andererseits die genannten Manipulationen zu den am häufigsten angewandten gehören, erklärt es sich, dass das Halbbad unter den Badeformen die erste Stelle einnimmt, sodass, wenn schlechtweg von Behandlung mit kühlen Bädern, z. B. bei Infektionskrankheiten, die Rede ist, darunter immer Halbbäder verstanden werden müssen.

Technik. Zum Halbbade nimmt man eine recht niedrige und womöglich hölzerne Wanne (um dem Kranken das unangenehme Gefühl des Anlehnens an kaltes Metall zu ersparen) und füllt sie so weit mit Wasser, dass dieses dem im Bade Sitzenden bis zum Nabel reicht. Ferner gehört dazu ein Eimer und ein grosses Schnabelgefäss für etwaige Übergiessungen und endlich muss schon vor Beendigung des Bades ein genügend grosses, etwas angewärmtes Laken zum Abtrocknen auf dem Bette oder Kanapee ausgebreitet werden. Die Temperatur des Halbbades schwankt zwischen 22 und 12° R.; bei kräftigen Personen und, sobald im Bade frottiert wird, nimmt man von vornherein niedrigere Temperaturen, bei schwächlichen und schwerkranken beginnt man mit den höheren Temperaturen und erniedrigt dieselben allmählich durch immer kälter werdende Begiessungen. Der Patient bekommt eine kalte Kompresse auf den Kopf, steigt rasch ins Bad und wird nun beständig aus einem Eimer zuerst mit gleichtemperiertem, dann allmählich kälterem Wasser an Rücken, Nacken, Brust und Kopf überschüttet. Um einzelne Körperstellen noch besonders zu hyperämisieren, werden dieselben mit Begiessungen aus mässiger Höhe (s. u.) und kräftiger nasser Frottage behandelt. Überhaupt wird häufig zur stärkeren Anregung der Hautthätigkeit der ganze Körper einer

Frottage im Wasser unterzogen, in deren Ausführung sich der Badediener mit dem Patienten oder, falls dieser zu schwach ist, mit einem zweiten Gehilfen teilt. Das Halbbad dauert 5—25 Minuten. Nach Beendigung des Bades wird der Patient in das Leintuch gewickelt, das zwischen die Beine geschlagen werden muss (wie bei der Einpackung, s. u.) und sorgfältig — auch in den Achselhöhlen und zwischen den Zehen! — abgetrocknet. Je nach dem Zustande des Patienten folgt darauf Bettruhe oder ein Spaziergang im Freien.

Die Wirkungsweise des Halbbades ist nach den verschiedenen Modifikationen desselben zu beurteilen. Bei längerer Dauer entzieht es dem Körper eine beträchtliche Menge Wärme, vermindert die Pulsfrequenz, verlangsamt und vertieft die Atmung. Bei kürzerer Anwendung tritt die anregende Wirkung auf Haut und Nervensystem in den Vordergrund; die Haut wird gekräftigt, die Zirkulation kann nach Belieben durch Frottage des einen oder anderen Körperteils alteriert werden, die Thätigkeit organischer Muskeln, z. B. des Unterleibes, wird gefördert, das Sensorium belebt u. s. f. Dem reichhaltigen Kranze von Wirkungen entspricht die Zahl der Indikationen. Das Halbbad dient als tonisierendes Mittel in vielen Fällen von Anämie und Nervosität, wo kalte Abreibungen als zu plötzlich und stark wirkend nicht vertragen werden. Hierzu eignet sich eine Temperatur von 13 bis 15° R. und ganz kurze Dauer, selbst nur flüchtiges Eintauchen ins Bad. In Verbindung mit Übergiessungen wird das Halbbad als Excitans bei allen schweren Störungen der nervösen Zentralorgane (Koma, Sopor, meningitische Erscheinungen u. s. w.), als atmungsvertiefendes und die Expektoration förderndes Mittel bei kapillärer Bronchitis u. a., zur Anregung der Peristaltik bei chronischer Obstipation, bei Plethora abdominis angewandt. Das allmählich (von 28 auf 16° R.) abgekühlte und länger (20—30 Minuten) dauernde Halbbad ist das Antipyretikum par excellence; es erniedrigt sicher und milde die Temperatur ohne gleichzeitig, wie dies die medikamentösen Antipyretika thun, den Magen anzugreifen und die Herzkraft zu schwächen; vielmehr liegt eben der Vorzug der Antipyrese durch Bäderbehandlung darin, dass durch dieselbe das Herz gekräftigt, die Atmung vertieft und das benommene Sensorium freier wird. Verstärkt wird auch hier die Wirkung durch gleichzeitige Sturzbäder und Übergiessungen. Um den Temperaturabfall nachhaltiger zu machen, trocknet man den Patienten nach dem Bade im Leintuche nur flüchtig ab (immer aber sorgfältig in den Zwischenräumen sich berührender Körperteile! — s. o.); durch die Verdunstung wird dann noch weiter Wärme entzogen. Endlich ist zu erwähnen, dass höher (20—23 ° R.) temperierte Halbbäder, von 6—10 Minuten Dauer und mit Übergiessungen und meist auch Frottage verbunden, mit Erfolg gegen chronische Rückenmarksleiden angewandt werden.

Kontraindikationen des Halbbades sind Kollaps ohne Fieber, Froststadium der Fiebernden und Zustände, die absolute Ruhe erforderlich machen, also Blutungen in Magen, Darm, Lunge etc.

3. Die Teilbäder.

Die bekanntesten Teil- oder Lokalbäder sind:

a. Das Hinterhauptsbad.

Technik. Der horizontal auf dem Rücken liegende Patient taucht seinen Hinterkopf in ein Becken, welches mit Wasser von 12—15° R. gefüllt ist und zweckmässig Zu- und und Abfluss besitzt (durch Schlauch mit der Wasserleitung in Verbindung), um die Reaktion durch die mechanische Einwirkung des fliessenden Wassers zu verstärken. Dauer 15 Minuten.

Dieses seltener gebrauchte, in seiner Wirkungsweise noch nicht erforschte Teilbad wird empirisch gegen sexuelle Erregungszustände (Pollutionen) angewandt.

b. Das Ellenbogenbad.

Technik. Die Ellenbogengegend wird bei Unterstützung des Ober- und Vorderarmes $^{1}/_{4}$—$^{1}/_{2}$ Stunde in recht kaltes (event. fliessendes) Wasser getaucht.

Wirkungsweise. Indem die a. brachialis vor ihrer Teilung in die beiden Vorderarmäste zur Kontraktion gebracht und der oberflächlich verlaufende n. ulnaris durch die dauernde Wirkung der Kälte abgestumpft wird, nimmt der Blutzufluss, die Temperatur und die Sensibilität in den peripher · gelegenen Teilen ab; es resultiert also eine echt antiphlogistische Wirkung.

Indikationen. Alle entzündlichen Vorgänge an Fingern, Hand und Vorderarm (Panaritium, Phlegmone, Erysipel) vor Eintritt der Eiterung.

c. Das Handbad.

Technik. Die Hände werden in recht kaltes, womöglich fliessendes, oder recht heisses, event. mit Senfmehl oder dgl.

versetztes Wasser getaucht; der Effekt ist natürlich in beiden
Fällen der nämliche: Hyperämisierung der Hände.

Wirkungsweise und Indikationen. Es erfolgt eine
Blutableitung vom Gehirn und von den Athmungsorganen,
vielleicht auch ein reflektorischer Einfluss auf das Athmungs-
zentrum; daher die günstige Wirkung des Handbades bei
Kopfschmerzen und asthmatischen Anfällen. Ausserdem wird
es gegen Hyperidrosis manuum mit Erfolg angewandt, besonders als wechselwarmes, d. h. erst ganz heisses und dann
plötzlich ganz kaltes Bad. Bei Erfrierungen ersten Grades
(Frostbeulen) sind heisse Handbäder mit Zusatz von 2 Esslöffeln Essig oder 1 Esslöffel Chlorkalk von guter Wirkung.

Lauwarme Handbäder werden, den allgemeinen Grundsätzen entsprechend, zu Erreichung der Epidermis bei Schwielen,
Narben u. s. w. (oft mit Sodazusatz) angewandt und bedürfen
daher keiner besonderen Besprechung.

d. Das Sitzbad.

Technik. Eine Sitzbadewanne oder ein hölzernes Schaff
wird soweit mit Wasser gefüllt, dass letzteres dem darin
Sitzenden bis zum Nabel reicht; für einen Erwachsenen sind
ca. 30 Liter nötig. Der Badende setzt sich nach Entblössung
der Oberschenkel und der unteren Hälfte des Rumpfes (völliges
Entkleiden ist nicht notwendig) so in die Wanne, dass die
Unterschenkel ausserhalb bleiben, und bedeckt seinen Unter-
körper über der Wanne mit einem Leintuche oder (beim
warmen Sitzbade) mit einer wollenen Decke. Event. kalter
Umschlag auf den Kopf (s. u.). Nach kaltem Sitzbade Bewegung.

Wirkungsweise. Je nachdem wir ein kaltes, lauwarmes oder heisses Sitzbad anwenden, wird die Wirkung
eine verschiedene sein. Das kalte Sitzbad von 8—15 ° R.
und einigen Minuten Dauer bewirkt einen lokalen Temperaturabfall mit gleichzeitiger Blutwallung zum Kopfe. Nach einiger
Zeit tritt die reaktive Temperatursteigerung im Unterleibe
ein, der sich nach einer Stunde eine abermalige mässige
Senkung von mehrstündiger Dauer anschliesst. Die Wallung
zum Kopfe ist eine sehr mächtige; sie äussert sich in Röte
und Hitze des Gesichtes, Flimmern vor den Augen, Ohren-
sausen, Schwindel, Stockung der Respiration nach einer tiefen
krampfhaften Inspiration mit folgender Atmungsbeschleuni-
gung, Steigerung der Achselhöhlentemperatur — alles Erscheinungen, die auf eine reflektorische Reizung des
n. splanchnicus hinweisen. Bei der darnach eintretenden

lokalen Reaktion erweitern sich die Unterleibsgefässe wieder ad maximum und nehmen den grössten Teil der Blutmenge des Körpers in sich auf, indem das Blut von den oberen Körperpartieen abgeleitet wird. Wir erzielen also eine intensive Hyperämisierung der Unterleibsorgane. Lassen wir dagegen das kalte Sitzbad länger, bis zu 30 Minuten, dauern, so ist die primäre Temperaturerniedrigung und Anämisierung des Unterleibes weit anhaltender (eine Stunde und darüber) und die nachfolgende Reaktion weit unbedeutender; der Effekt ist also dauernde Abkühlung des Unterleibes, Steigerung des Tonus seiner Gefässe, Herabsetzung der Nervenreizbarkeit und des Stoffwechsels. Noch nachhaltiger wird die Wirkung, wenn fliessendes Wasser zum Sitzbade verwandt wird.

Lauwarme Sitzbäder (von 16—25 ° R.) wirken ähnlich wie die protrahierten kalten, nur bedeutend milder; sie sind hauptsächlich charakterisiert durch allmähliche und dauernde lokale Temperaturherabsetzung bei Mangel jeder stärkeren Reaktion.

Heisse Sitzbäder (von 25—32 ° R.), gewöhnlich auf $1/2$—1—2 Stunden ausgedehnt, setzen die Erregbarkeit des Nervensystems und den Tonus der Gefässe herab, mässigen die Spannung der Muskeln, kurz sie wirken erschlaffend, krampflösend und schmerzstillend.

Indikationen. Kurzdauernde kalte Sitzbäder von einer bis höchstens fünf Minuten Dauer dienen zur Ableitung des Blutes bei Kongestionen zum Kopfe und zu den Brustorganen, z. B. bei Schlaflosigkeit geistig Überanstrengter, wobei jedoch die Rückstauung wohl zu berücksichtigen ist (kalte Kompresse auf den Kopf!), und bei allen krankhaften Zuständen der Unterleibsorgane, die auf ungenügender Ernährung mit Blut und geschwächter Innervation beruhen, also bei chronischer Obstipation, sexuellen Schwächezuständen, Senkung und Prolaps der weiblichen Generationsorgane, Amenorrhoe. Pingler empfiehlt diese Badeform, verbunden mit kalten Übergiessungen des Rückens, zur Verstärkung der Wehen in der Austreibungsperiode und gegen atonische Uterusblutungen; das Verfahren wird sich jedoch in der Familienpraxis schwerlich allgemeinen Eingang verschaffen. — Länger dauernde kalte Sitzbäder (Kopfumschlag!) sind überall da indiziert, wo Kongestionen und Entzündungen im Unterleibe zu bekämpfen, die Ernährungsvorgänge zu verlangsamen sind, die Nervenreizbarkeit herabgestimmt werden soll, also bei Entzündungen des Darms, der Gebärmutter, bei Periproktitis und namentlich bei subakuter und chronischer Diarrhoe, bei welcher Winternitz dem prolongierten Sitzbade (2—3 mal täglich) eine kalte Abreibung vorangehen und die Applikation einer feuchten Leibbinde folgen lässt.

Das lauwarme (temperierte) Sitzbad von 5—15 Minuten Dauer verbindet bei seiner milden Wirkung die Indikationen des kurzdauernden und des prolongierten kalten Sitzbades; es dient wie das erstere, mit Rücksicht auf die zwar weit geringere aber doch nachweisbare nachträgliche Hyperämisierung des Unterleibes, zur Ableitung von Kopf und Lunge (auch bei nervöser Schlaflosigkeit), andererseits wie das letztere gegen mannigfache entzündliche Zustände und Innervationsstörungen der Unterleibsorgane. So erklärt es sich, dass das laue Sitzbad zu den am häufigsten gebrauchten Teilbädern — namentlich in der Anstaltsbehandlung — gehört.

Heisse Sitzbäder sind äusserst wirksam bei allen Krampfformen und Koliken des Unterleibs, speziell bei Blasentenesmus, Darmkolik, Menstrualkolik.

Kontraindikationen sind für das kurzdauernde kalte Sitzbad alle aktiven Hyperämieen und Entzündungen im Unterleibe, für das prolongierte Blasentenesmus und Menstrualkolik, für das laue Sitzbad Beckenentzündungen, geschlechtliche Reizbarkeit (häufige Pollutionen), Blasenkrämpfe, Cystitis und Metrorrhagie. Alle kalten und kühlen Sitzbäder sind ferner absolut kontraindiziert in den Fällen, wo die Kopf- und Brustgefässe dem Anpralle der Rückstauwelle nachgeben und zerreissen könnten, also bei Arteriosklerose. Heisse Sitzbäder sind bei akut entzündlichen Prozessen im Unterleibe zu unterlassen.

c. Das Fussbad.

Technik. Am besten eignet sich zum Fussbade eine kleine Holzwanne, die 12 cm hoch ist und Raum für beide Füsse gewährt; im Notfalle ist jedes Waschbecken zu gebrauchen. Zum kalten Fussbade soll das Gefäss, wenn möglich, mit Zu- und Abfluss versehen sein, und die Wasserhöhe braucht nur 4 cm zu betragen, beim warmen Fussbade kann das Wasser bis zu den Unterschenkeln hinaufreichen. Im fliessenden kalten Fussbade (7—8 ⁰ R.) muss das Wasser zuerst gegen die Zehenspitzen strömen und hinter den Fersen ablaufen. In stehendem Wasser kann man eine mechanische Wirkung dadurch erzielen, dass man den Badenden in der Holzwanne »Wassertreten« lässt (F. C. Müller). Ausserdem wird durch nasse Frottage im Bade, Applikation einer kalten Fächerdouche, energisches Trockenreiben nach dem Bade ein erhöhter mechanischer Effekt ausgeübt. Beim warmen Fussbade bleiben die Füsse längere Zeit ruhig im Wasser (25 bis 30° R.), dem oft zur Erhöhung des Hautreizes Soda (¼ Pfd.), Senfmehl (25 g, d. h. ungefähr eine Hand voll) u. dgl. zugefügt wird.

Wirkungsweise. Das kalte Fussbad bewirkt zuerst eine starke Anämisierung und Blässe der Füsse mit sehr ausgesprochenen Rückstauungserscheinungen im Kopfe (daher kalter Kopfumschlag zu Anfang des Bades!). Nach kurzer Zeit tritt, unterstützt durch die verschiedenen mechanischen Hilfskräfte (Bewegung des Wassers, Frottage, Wirkung der Douche), eine mächtige Blutströmung nach den Füssen ein, die jetzt rot und heiss werden. Gleichzeitig schwindet die Hyperämie des Kopfes und macht einer deutlichen Anämie der oberen Körperteile Platz (Sinken der Temperatur in der Achselhöhle und im Gehörgang, Blässe des Kopfes und der Konjunktiva), die bei der Kleinheit des erweiterten Gefässgebietes der Füsse wohl nicht einfach aus der Ableitung des Blutes nach den letzteren, sondern vielmehr aus einer Reflexbeziehung zwischen den sensiblen Hautnerven der Füsse und den Gefässnerven des Kopfes zu erklären ist — Das warme Fussbad bewirkt von vornherein eine Erschlaffung der Gefässe in den Füssen und Hyperämisierung derselben Die Reaktion, bestehend in Blässe der Füsse und Blutandrang zum Kopfe, bleibt aber nicht aus und mahnt zur Vorsicht mit dieser im Hause sehr häufig ohne ärztliche Verordnung vorgenommenen Prozedur. Regelmässig fortgesetzte warme Fussbäder wirken zudem dauernd erschlaffend auf die Unterschenkel und Füsse und begünstigen die Entwickelung von Varicen.

Indikationen. Das kalte, womöglich fliessende Fussbad von kurzer Dauer, aber doch so lange, bis die grösstmögliche Erweiterung der Fussgefässe eingetreten ist, dient einmal als lokales Tonikum für die Hautgefässe bei habitueller Kälte der Füsse und manchen Formen angioparalytisch bedingter Fussschweisse, und zweitens bei allen Folgeerscheinungen übermässiger Blutzufuhr zum Gehirn (Kopfschmerz, verbunden mit Hitze und Röte des Gesichts). Zu Beginn des Bades kalte Kompresse auf den Kopf, nach dem Bade ein kurzer Marsch oder gymnastische Übungen im Zimmer!

Warme Fussbäder sind nützlich bei akuten Erkältungen, sie wirken hier »koupierend«. Ausserdem können sie für die kalten Fussbäder in denjenigen Fällen eintreten, wo Nebenumstände, z. B. die Menstruation, die Anwendung der Kälte verbieten. Um der Erschlaffung der Fussgefässe bei längerem Gebrauche der warmen Fussbäder vorzubeugen, beschliesst man dieselben jedesmal mit einer kalten Übergiessung oder Abreibung der Füsse.

Kontraindikationen für das kalte Fussbad sind alle Erkrankungen der Urogenitalsphäre (besonders Blasenkatarrh), Gehirnanämie und Sklerose der Gehirngefässe, für das warme Neigung zu Varikositäten an den Unterschenkeln und Füssen.

4. Die Fallbäder.

Unter Fallbädern versteht man Prozeduren, bei welchen Wasser aus grösserer oder geringerer Höhe bezw. Tiefe und unter verschiedenem Drucke als feiner Staub, als Bündel dünner Strahlen, als einzelner dicker Strahl bis zur Stärke eines Gusses den Körper oder bestimmte Körperteile trifft. Rechnen wir noch die zahlreichen Möglichkeiten in der Variierung der Temperatur und der Anwendungsdauer hinzu, so ergiebt sich die Mannigfaltigkeit der Faktoren, die bei der Wirkung der Fallbäder in Betracht kommen, und man begreift, dass die Franzosen, unter denen die Fallbäder zuerst aufkamen (Le Drau 1731), mit denselben fast sämtliche Nüancen hydrotherapeutischer Beeinflussung zur Anwendung bringen können. Erst in neuerer Zeit hat das nach Form und Wirkung proteusartige Verfahren, mit welchem sich ebensowohl die sanfteste, einem »milden Landregen« gleiche Berieselung, als die stärkste mechanische Gewalt, die Löcher in die Haut bohrt, erzielen lässt, auch in Deutschland wieder grössere Verbreitung gefunden, nachdem die Furcht vor demselben, welche sich infolge der schlimmen Erfahrungen mit der berüchtigten »Walddouche« von Priessnitz festgewurzelt hatte, allmählich der objektiven Beurteilung gewichen ist.

Formen und Technik. Man kann die Fallbäder darnach unterscheiden, ob sie mit Hilfe besonders konstruierter Vorrichtungen oder ohne diese, nur mit den einfachsten, überall vorhandenen Hilfsmitteln verabreicht werden. Die letzteren sind die Übergiessungen (Begiessungen), die man mit einem geschnäbelten Gefässe oder dem Rohre einer Giesskanne nach Entfernung des Siebes vornimmt, und die Sturzbäder, bei denen grössere Wassermengen aus Eimern über den Körper geschüttet werden (s. oben die Technik der Halbbäder). Für die mittels besonderer Apparate, wie sie sich in Wasserheil- und Badeanstalten befinden, hergestellten

Fallbäder — auch Douchen genannt — ist das Wesentliche eine Wasserleitung, deren Zuleitungsrohr in dem Badezimmer 3 m über dem Fussboden endigt. Durch ein Ventil lässt sich die Dicke des Wasserstrahles beliebig variieren, durch eingeschaltete Thermometer seine Temperatur bestimmen. An die Ausflussöffnung werden verschieden gestaltete Ansätze aufgeschraubt, welche die mannigfachen Formen der Douchen liefern. Endigt das Rohr in eine ca. 1 cm weite hohle Metallspitze, sodass ein ungeteilter Wasserstrahl herauskommt, so haben wir die Strahldouche. Setzt man einen siebartigen Ansatz, eine »Brause«, auf, so entsteht das Regen- oder Brausebad mit zahlreich herabrieselnden dünnen Strahlen. Bei grösserer Enge der Sieböffnungen und starkem Drucke der Wassersäule werden die Strahlen mit grosser Kraft herausgetrieben; das ist die Stachelbrause. Sind die Öffnungen nur minimal und der Druck sehr hoch, so zerstiebt das gewaltsam durchgepresste Wasser zu förmlichem Wasserstaube, der den Badenden wie in einen Nebel einhüllt; man spricht dann von einem Staubbade. In einzelnen Anstalten sind auch noch andere Formen in Gebrauch, wie die Glockendouche, die Kapellendouche u. s. w. Bei der aufsteigenden Douche trifft das Wasser den Badenden von unten her. Die schottische Douche beruht auf einer Einrichtung, die es ermöglicht, unmittelbar nach einander heisses und kaltes Wasser zur Anwendung zu bringen. Alle die genannten Douchen sind stabil; man benutzt aber auch bewegliche (mobile) Douchen, welche mit Leichtigkeit auf jeden beliebigen Körperteil für sich dirigiert werden können. Es wird hierbei über den Hahn einer Wasserleitung ein längerer Gummischlauch gezogen, der am anderen Ende ein Ansatzstück trägt. Man appliziert damit die bewegliche Regendouche (mit Siebansatz) und die bewegliche Fächerdouche, bei welcher der Wasserstrahl durch ein vor der Ausflussöffnung seitlich angebrachtes Metallschild fächerförmig ausgebreitet wird. Letztere kann durch Zusammendrücken des Schlauches ohne Ansatzrohr mittels der Finger noch einfacher hergestellt, erstere mitunter ganz zweckmässig durch eine Giesskanne mit Sieb ersetzt werden. Nach dem Vorgange der Franzosen unterscheidet man die beweglichen Douchen mit Rücksicht auf ihre Lokalisierung in Leberdouche, Milzdouche, epi- und hypogastrische, Vaginal- und Uterusdouchen, Perinealdouchen u. s. w. In das Innere von Körperhöhlen, z. B. in Nase, Mund, Vagina, werden die beweglichen Douchen meist mit dem Irrigator oder ähnlichen

Apparaten (Heberapparat, Klysopomp) hineingebracht; wir sprechen darüber noch besonders in dem Kapitel über die innerliche Wasseranwendung.

Wirkungsweise. Wie schon erwähnt, lassen sich bei der Vielseitigkeit der Fallbäder fast sämtliche hydrotherapeutischen Wirkungen damit zum Ausdruck bringen. Es seien daher nur einige spezielle Punkte hervorgehoben. Das Eigentümliche der Fallbäder besteht in dem kontinuierlichen und doch in jedem Momente sich erneuernden thermischen und mechanischen Reize, indem jedes Wasserteilchen nur einen Augenblick mit dem Körper in Berührung bleibt und sogleich wieder von ihm abfliesst. Hierdurch wird erstens die Wärmeentziehung (bei kühlen Fallbädern) eine im Verhältnis zu anderen Prozeduren von gleicher Temperatur und Dauer bedeutend intensivere. Zweitens erhöht sich durch diese prickelnde Einwirkung, wie sie die Staub- und Regenbäder und in verstärktem Masse die Stachelbrausen ausüben, der Nervenreiz, was sich durch eine Hyperästhesie der Haut zu erkennen giebt, die nach längerer Ausdehnung der Douche einer Anästhesie Platz macht. Bei den Strahldouchen und Begiessungen steigert sich diese mechanische Einwirkung zu einer erschütternden, gewissermassen einer thermischen Massage, deren Intensität im Allgemeinen von der Fallhöhe der Wassersäule abhängt. Selbst Blasenbildung und Zerstörung der Haut kann forcierte Anwendung des Wasserstrahles bewirken, wie es namentlich bei der jetzt wenig mehr gebrauchten Douche filiforme von Lauré der Fall war, wo das Wasser mittels einer Druckpumpe durch eine fast kapillare Öffnung als haarfeiner Strahl gegen die Haut gepresst wurde. Am mildesten ist die erschütternde Wirkung bei den Begiessungen, die zugleich den Vorzug der bequemen Anwendung im Hause bei leichter Abstutbarkeit haben, aber natürlich nur vertikal absteigend, nicht, wie die Strahldouchen, auch aufsteigend und horizontal appliziert werden können. Die lokale Erschütterung ist von wesentlicher Bedeutung für die Anregung der Resorption alter Exsudate, ferner als Kontraktionsreiz für die Muskeln, wodurch sich z. B. die atmungsvertiefende Wirkung der Rückenbegiessung (genauer: Begiessung der Interkostalmuskeln) erklärt. Andere Einzelheiten werden weiterhin noch zur Sprache kommen. Im übrigen brauchen die auf den physiologischen Grundlagen der Hydrotherapie beruhenden Regeln nur einfach auf die Douchen übertragen zu werden, also z. B.: warme Regendouchen können länger fortgesetzt werden als kalte, bei welchen letzteren niemals der Eintritt des zweiten Frostes abgewartet werden darf (gewöhnliche Dauer $\frac{1}{2}$—2 Minuten); kalte Allgemeinprozeduren sind nur nach genügender Vorerwärmung der Haut vorzunehmen; kurze kalte Lokaldouchen steigern die Sensibilität, länger dauernde setzen sie herab; rascher Wechsel von Warm und Kalt, wie bei der schottischen Douche, erhöht ausserordentlich den Tonus der Hautgefässe; u. s. f.

Indikationen. Von den zahlreichen Anwendungsmöglichkeiten der Fallbäder führen wir nur die in Deutschland gebräuchlichsten an. Fast indifferent ist die lauwarme Regendouche: sie dient daher hauptsächlich zu Reinigungszwecken und ist in Volksbadeanstalten als bequemer und billiger Ersatz der warmen Vollbäder beliebt (Volksbrausebäder): zweckmässig beschliesst man sie mit einer ganz kurzen kalten Douche ($\frac{1}{4}$ Minute. Die kalte Regendouche kommt als wärmeentziehendes und die Haut tonisierendes Mittel als Abschluss warmer Prozeduren zur Anwendung, ebenso lokal die kalte Fächerdouche (s. o. bei den Fussbädern). Ferner ist der Nervenreiz der kalten Regendouche zugleich mit der Wärmeentziehung angezeigt bei Benommenheit in den Infektionskrankheiten (Typhus, Puerperalfieber, akute Kinderexantheme), bei körperlicher oder geistiger Überanstrengung. Die aufsteigende kalte Regendouche dient als Abschluss warmer Sitzbäder und zur Tonisierung der Unterleibsorgane bei Darmträgheit, sexueller Schwäche, Analfisteln u. s. w. Die Stachelbrause, lokal angewandt, erweist sich nützlich bei manchen Neuralgieen (abwechselnd mit der Strahldouche), bei chronischer Bronchitis (gegen die unteren Lungengrenzen appliziert), bei Gelenksteifigkeit nach Kontusionen u. s. w. Die schottische Douche mit ihrem Wechsel von Heiss und Kalt (30—35° R und 6—8° R), der den Hauttonus stärkt und zugleich die Reflexerregbarkeit herabsetzt, empfiehlt sich gegen nervösen Husten und nervöse Dyspepsie, gegen Lähmungen, gegen alte Exsudate und chronische Entzündungsprozesse.

Viel gebraucht ist die erschütternde Wirkung des kalten Strahles. Da die Strahldouche besondere Vorrichtungen nötig macht, kommen im Hause an ihrer Stelle meist die Begiessungen zur Anwendung. Die bekanntesten derselben sind folgende:

Die Nackenbegiessung, wobei dem Badenden, der entkleidet bei mässig gebeugtem Nacken, mit den Füssen in einem Schaffe oder dgl. steht, von einem hinter ihm auf

einem Stuhle stehenden Gehilfen ein kalter Strahl auf die
Nackengegend appliziert wird. Man sieht hiervon sehr gute
Erfolge bei Asthma infolge von Herz- oder Lungenerkrankungen.

Die Rückenbegiessung wird sowohl in Verbindung mit
Halbbädern (s. o.), als für sich allein in der leeren Wanne
oder beim Sitzen auf einer Wachstuchdecke an der Erde vorgenommen. Der Rücken muss dabei halb gebeugt, nicht zu
stark nach vorn geneigt, gehalten werden. Der Strahl wird
abwechselnd rechts und links von der Wirbelsäule, und zwar
möglichst entsprechend der Richtung der Interkostalräume —
was am vollkommensten allerdings nur mit der beweglichen
Strahldouche geschehen kann — dirigiert. Die Rückenbegiessung dient zur Anregung und Vertiefung der Atmung im
Kollaps, mit gleichzeitiger Beförderung der Expektoration bei
Kroup, Diphtherie, Kapillarbronchitis (besonders bei Kindern,
natürlich mit entsprechend geringerem Drucke), bei Lungen-
affektionen im Typhus.

Die Unterleibsbegiessung wird im Liegen bei angezogenen Knieen und gering erhöhtem Oberkörper, gewöhnlich in einer Rumpfbadewanne, ausgeführt; der Druck darf
nur ein sehr schwacher sein, daher nie die Strahldouche zu
verwenden! (vergl. den Goltzschen Klopfversuch). Der kalte
Strahl wird kreisförmig um den Nabel herumgeführt. Bei
Atonie der Darmmuskulatur (chronischer Obstipation, Flatulenz)
ist diese Prozedur von vorzüglichem Erfolge. Oft wird sie
in Verbindung mit Halbbädern (s. o.) gegeben.

Die Applikation des kalten Strahles auf die Gluteal-
gegend und die angrenzende Oberschenkelpartie — Gesäss-
begiessung — bezweckt den n. ischiad. zu treffen und kann
bei der Dicke der Weichteile nur mit der Strahldouche geschehen. Der Patient muss die Knieellenbogenlage einnehmen,
wobei der Oberkörper quer auf dem Bette, die Unterschenkel
auf einem Stuhle ruhen, und die nur schwach gebeugten
Hüften und Oberschenkel frei in der Luft schweben. Die
recht ungemütliche Prozedur wird gegen rheumatische Ischias
angewandt.

Zur Kniebegiessung muss das Knie gebeugt und die
Oberschenkelmuskulatur erschlafft sein. Dies wird erreicht,
indem der Patient sich auf einen Stuhl setzt und die Füsse
auf den gegenüberliegenden Rand eines Schaffes stützt —
oder noch besser beim Liegen in der Badewanne mit mässig
angezogenen Knieen. Die Prozedur ist angezeigt gegen
Neuralgieen im Gebiete des n. cruralis, gegen Schwäche und
Parese der von diesem versorgten Muskeln und endlich, in-

folge der bis zum Unterleibe hinauf reichenden erschütternden Wirkung, als Belebungsmittel bei allgemeiner psychischer Depression.

Die Fussbegiessung wird vorgenommen, indem der Patient auf einem Stuhle sitzend die Füsse über ein Schaff hält. Die Wirkung ist die des kalten Fussbades.

Nach allen Begiessungen bezw. Strahldouchen sind die behandelten Körperteile kräftig zu frottieren.

Kontraindikationen der Fallbäder sind für jede einzelne Modifikation der letzteren aus den allgemeinen Grundregeln leicht zu entnehmen. Nur auf eins ist besonders hinzuweisen, nämlich dass der Kopf bezw. das Gehirn, welches beim Kulturmenschen ohnehin so sehr zu Kongestionen neigt, sowohl vor stärkerer Erwärmung als auch vor Erschütterungen sorgfältig behütet werden muss. Daher ist beim warmen Brausebade, namentlich wenn es sich um Kinder, Heranwachsende und geistig überanstrengte Personen handelt, der Kopf durch eine kalte Kompresse kühl zu halten, ferner ist bei allgemeinen Stachelbrausen und auch bei kräftigeren kalten Regendouchen der Kopf durch eine Kompresse vor zu starker mechanischer Einwirkung zu schützen, und endlich dürfen stärkere Begiessungen und insbesondere Strahldouchen überhaupt niemals auf den Kopf appliziert werden.

4. Das Dampfbad.

Technik. Die primitivste Form des Dampfbades ist das sogenannte russische Dampfbad, bei welchem ein Zimmer, in dem sich der Badende befindet, durch das Verdampfen von Wasser auf glühenden Kohlen oder in verfeinerter Weise durch Hineinleiten von Dampf mittels eines Rohres aus einem Dampfkessel mit Wasserdampf erfüllt wird. Hierbei befindet sich mit dem ganzen Körper zugleich der Kopf in der heissen Atmosphäre von 30—32° R. und dieselbe heisse feuchte Luft wird auch eingeatmet; es resultiert eine recht bedenkliche Kongestionierung von Gehirn und Lunge, die zur Erzielung der Wirkung, nämlich der Wärmestauung und event. eines starken Schweissausbruches, durchaus nicht notwendig ist. Weit vollkommener ist deshalb eine Einrichtung, die es ermöglicht, den Kopf von dem Aufenthalte im heissen Dampfe auszuschliessen und event. überhaupt blos auf einzelne Körperteile den Dampf einwirken zu lassen. Dies sind die Kastendampfbäder. Dieselben (von der Firma Moosdorf & Hochhäusler in Berlin transportabel und zusammenlegbar für häusliche Verwendung geliefert*)) bestehen im wesentlichen aus einem kastenartigen »Schwitzraume«, in welchem der Badende bis zum Halse von der äusseren Luft abgeschlossen sitzt, während der Kopf oben frei daraus hervorsicht, und einem Dampferzeuger (Dampfkessel mit Spiritusheizung), von dem aus ein Rohr den Dampf in den Schwitzraum hineinleitet. Die Temperatur beträgt ca. 35° R.**) Nach demselben Prinzipe sind die kleineren Schwitzbadeapparate für die Füsse sowie für den Arm konstruiert. Improvisieren lässt sich das Dampfbad, indem man den Badenden auf einen Stuhl setzt, darunter einen Spirituskocher mit Wasser stellt und nun den Badenden vom Halse abwärts mit einem Mantel aus wasserdichtem Stoffe vollständig umhüllt. Beim bettlägerigen Kranken steckt man halbkreisförmige Fassreifen zu beiden Seiten der Matratze ins Bett, überdeckt sie luftdicht mit Wachstuch und wollenen Decken, sodass nur der Kopf freibleibt, und stellt in den Hohlraum, am Fussende des Bettes, den Spirituskocher oder leitet, was für Kinder und unruhige Kranke gefahrloser ist, den Dampf eines ausserhalb stehenden Entwicklers durch ein Rohr hinein (das sog. Schwitzbett). Noch leichter lassen sich lokale Dampfbäder für Arme und Beine, z. B. mittels chirurgischer Drahtschienen, improvisieren. Für kleinere Körperpartieen (z. B. Wangen, Füsse) genügen statt der lokalen Dampfbäder die Bähungen, indem man einfach den Körperteil über einen mit kochendem Wasser gefüllten Kübel hält und ein wollenes Tuch darüber wirft. Kräftiger wirken die sog. Dampfdouchen, wobei ein Strahl gespannten Dampfes aus dem Rohre eines Dampfentwicklers oder auch aus einem Inhalationsapparate die erkrankte Körperstelle trifft.

Wirkungsweise. Das allgemeine Dampfbad bewirkt eine Wärmestauung in der Haut; die Zirkulation in der letzteren wird beschleunigt, das an der Peripherie erhitzte Blut steigert bei der Rückkehr zu den inneren Organen deren Temperatur um $0,5-1°$ C., wirkt dadurch als Reiz auf das Herz und bald auch auf die Zentren der Sekretionsnerven der Haut, und bewirkt leichte Kongestionserscheinungen (Hitze und Röte des Kopfes, Aufregung u. s. w.). Nach verschieden langer Zeit, durchschnittlich einer Viertelstunde, tritt starker Schweissausbruch ein, welcher die überschüssig an der Körperoberfläche angehäufte Wärme entführt, die Kongestionserscheinungen be-

---

*) Preis des Apparates ca. 36 Mark.
**) Höhere Temperaturen können leicht Verbrennungen der Haut verursachen.

seitigt, das Blut und die übrigen Säfte zur Wasserabgabe nach der Haut anregt und allen die Hautporen verstopfenden Schmutz wegschwemmt. Der Körper kann durch den Wasserverlust um 1—3 Pfd. an Gewicht abnehmen. Das lokale Dampfbad wirkt in ähnlicher, aber weit unbedeutenderer Weise auf den einzelnen Körperteil; vielfach ist seine schmerzlindernde Wirkung diejenige, wegen deren es hauptsächlich zur Anwendung kommt.

Indikationen. Das Dampfbad dient zunächst als vorbereitende Prozedur für kalte Anwendungen, seien es kalte Vollbäder oder Douchen u. dgl. Hierbei kommt es nur auf die wärmestauende Wirkung an, welche einerseits den nachfolgenden starken Kältereiz weniger unangenehm empfinden lässt (vgl. oben bei den kalten Vollbädern), andererseits als Kontrast zu der Kälteprozedur die Reaktionskraft der Haut ausserordentlich stärkt. Der Schweissausbruch soll also hierbei nicht abgewartet werden; man giebt daher das Dampfbad für diese Fälle nur 5 bis höchstens 10 Minuten lang. Kalte, oft gewechselte Kopfumschläge sind dabei unerlässlich.

Um die schweisstreibende Wirkung des Dampfbades zur Geltung kommen zu lassen, wird letzteres auf mindestens 15 bis höchstens 25 Minuten ausgedehnt. Kalte Kopfkompressen sind auch hier notwendig. Gleichzeitig befördert man durch reichliches Trinkenlassen von kaltem Wasser oder Thee die Wiederfüllung der durch das Schwitzen leerer gewordenen Blutgefässe und schafft neuen Flüssigkeitsvorrat für weitere Schweisssekretion. Zum Beschlusse sind die erschlafften Hautgefässe stets durch eine kurzdauernde Kälteprozedur (kalte Abreibung, Regendouche) zu tonisieren, falls nicht etwa durch eine sich daranschliessende trockene Einpackung der Schweiss noch weiter unterhalten werden soll. Angezeigt ist das Schwitzbad: als diätetisches Mittel bei Gesunden von robuster Natur zur gründlichen Befreiung der Haut von dem die Poren verstopfenden Schmutze bei verschiedenen Berufsarten und zur Verhütung der hierdurch bedingten Hautkrankheiten (Comedo, Acne); ferner zur Koupierung beginnender Erkältungskrankheiten mit Unterdrückung der Hautperspiration (Schnupfen, akuter Kehlkopf- und Bronchialkatarrh); bei Dyskrasieen verschiedener Art, besonders bei veralteter Syphilis, bei veraltetem chronischen Muskel- und Gelenkrheumatismus; bei Überfüllung der Gewebsinterstitien und serösen Räume mit Wasser (Ödem, Ascites, pleuritisches Exsudat).

Lokale Dampfbäder, Dampfdouchen und Bähungen werden gegen Schmerzen, namentlich rheumatischer Natur, zur Erweichung entzündlicher Verhärtungen und zur vorbereitenden Wärmestauung bei lokalen Kälteprozeduren angewandt.

Kontraindikationen der allgemeinen Dampfbäder sind vor allem, wie bei ihrer gewaltigen Alterierung des Stoffwechsels begreiflich ist, alle Schwächezustände, konsumierenden Krankheiten (Lungentuberkulose) und akuten entzündlichen Prozesse, ferner Kongestionen nach den inneren Organen, insbesondere Wallungen zum Kopfe bei geistig Überarbeiteten, irritative Nervenleiden, organische Herzkrankheiten und bei Frauen Schwangerschaft.

Anhangsweise seien die den Dampfbädern nach Wirkung und Indikationen sich eng anschliessenden Heissluftbäder erwähnt, bei denen heisse trockene Luft zur Wärmestauung und Schweisserzeugung verwandt wird. In grösseren Badeanstalten, die darauf besonders eingerichtet sind, werden sie als sog. irisch-römische Bäder verabreicht, bei denen der Badende nacheinander in verschiedene Räumen von immer höherer Temperatur (bis zu 70° R.) gebracht und ausser der Einwirkung der heissen Luft noch einer allgemeinen Körpermassage, die den Schweissausbruch fördert, unterzogen wird, worauf er in einem Baderaume sich durch verschiedene Kaltwasserprozeduren abkühlt und eine Zeitlang Ruhe hält. Die Nachteile dieser Methode sind dieselben wie bei dem russischen Dampfbade, nur dass die trockene heisse Luft die Atmungsorgane noch mehr reizt als der Wasserdampf. Will man daher heisse Luft zur Anwendung bringen, so geschieht dies besser, indem man in einen der für die Dampfbäder beschriebenen Apparate und Vorrichtungen einen Spirituskocher ohne Wasserkessel hineinstellt. Die Heissluftbäder bewirken eine noch stärkere Schweisssekretion als die Dampfbäder. Im übrigen ist in jeder Beziehung auf das für die letzteren Gesagte zu verweisen und nur noch zu den Indikationen nach Kisch die Fettsucht (cave Zirkulationsstörungen!) hinzuzufügen.

B. Indirekte Wasseranwendung.

1. Die Abwaschung.

Technik. Bei sehr schwachen Patienten wird die Abwaschung im Bette vorgenommen, und zwar so, dass jeder Körperteil für sich, einer nach dem anderen, mit einem in kaltes Wasser (8—16° R.) getauchten Schwamme gewaschen und sofort abgetrocknet und bedeckt wird. Kräftigere Per-

sonen stellen sich nackt in ein leeres Schaff und waschen sich
den ganzen Körper (mit Ausnahme des Kopfes) auf ein Mal
mit einem grossen weichen Badeschwamme (weniger gut mit
einem Stück Flanell oder grober Leinwand) möglichst rasch
ab, wobei sie den vollgesogenen Schwamm am Oberkörper
gut ausdrücken und das Wasser am Körper allseitig herab-
rieseln lassen; darnach wird die Haut schnell und kräftig
trocken gerieben. Der Abwaschung folgt entweder Bettruhe
oder Ankleiden und Bewegung im Freien.

Wirkungsweise. Die Abwaschung ist die mildeste
Wasserprozedur. Wird sie mit kaltem Wasser vorgenommen
— warm angewandt dient sie nur zu Reinigungszwecken —,
so sinkt dadurch die Hauttemperatur um ungefähr 0,2° R.,
die perspiratorische Thätigkeit der Haut wird angeregt und
letztere weich, feucht und frisch gemacht. Sie wird deshalb
mitunter Fiebernden als einleitende Prozedur gegeben, um die
Haut an das kalte Wasser zu gewöhnen und die Angst des
Kranken vor der Kaltwasserbehandlung durch allmähliches
Vorgehen zu überwinden. Etwas nachhaltiger ist die abkühlende Wirkung, wenn der Kranke nach der Abwaschung nicht
abgetrocknet in ein grosses Leintuch eingepackt (vgl. u. die
Technik der feuchten Einpackung), und so durch Verdunstung
des Wassers dem Körper noch mehr Wärme entzogen wird.
Übrigens kann die Abwaschung oft einen wichtigen Fingerzeig
über den Zustand der Herzkraft geben: bleibt nach einer flüchtigen Waschung des Vorderarmes die Reaktion (Röte und
Wärme der Haut) aus, oder tritt sie nur sehr langsam ein,
so ist ein Kollaps im Anzuge, dem sofort durch energische
Reizmittel (subkutane Injektionen von Kampheröl, Äther u. s. w.)
zu begegnen ist. Gegenüber der wärmeentziehenden tritt bei
der Abwaschung die tonisierende Wirkung in den Vordergrund;
es wird ein milder Reiz auf die Haut ausgeübt, der sich
steigern lässt, wenn man dem Wasser Salz (etwa 1 Esslöffel
auf 1 Liter Wasser) zusetzt. Hierbei ist starkes Frottieren
nach der Abwaschung notwendig.

Indikationen. Waschungen können angewandt werden
bei allen fieberhaften Krankheiten, zur Vorbereitung für stärkere Prozeduren, selten für sich allein; nur bei Kindern kann
man manchmal mit kühlen Waschungen verbunden mit kalten
Klystieren auskommen. Ferner zur Stärkung der Hautnerven
als mildestes und unschädliches Tonikum sowohl für Gesunde
als auch in denselben Fällen, für welche die Abreibungen
passen (s. u.), sobald der Patient bisher nicht an das Wasser
gewöhnt und sehr verweichlicht war oder Rekonvaleszent von

schwerer Krankheit ist — also ebenfalls zur Einleitung einer kräftigeren Wasserkur. Mann lässt dann am besten während der warmen Jahreszeit (von Mitte Mai an) beginnen und den Patienten nach der Morgenwaschung einen tüchtigen Spaziergang machen, event. kann noch eine Abendwaschung unmittelbar vor dem Schlafengehen vorgenommen werden. Kontraindikation ist nur Kollaps.

2. Die Abreibung.

Technik. Man braucht hierzu ein (für einen Erwachsenen) 2,5 m langes und 2 m breites Leintuch, das allenfalls durch zwei mit den Breitseiten aneinander genähte Betttücher zu ersetzen ist, und ein ebenso grosses wollenes Frottiertuch (Kotze). Aur Ausführung ist eine zweite Person notwendig, der Patient kann allein nicht ordentlich und schnell genug damit fertig werden. Der Gehilfe wirft dem aus dem Bette entstiegenen völlig Entkleideten nach Applizierung eines kalten Kopfumschlages das in kaltes Wasser (von 16—20° R.) getauchte, gut ausgewundene und glatt entfaltete Laken von hinten her schnell über die Schultern, sodass es am Körper herabfällt und über die Füsse hinweg auf den Boden reicht, während der Patient es vor der Brust mit den Händen zusammenhält. Nun führt der Gehilfe in raschem Tempo seine beiden flachen (offen gehaltenen) Hände über dem Leintuche, ohne dasselbe zu fassen, mit langen kräftigen Strichen an dem Körper des Abzureibenden von oben nach unten. Zwischenunter kann an die Stelle des Abreibens die Abklatschung treten, indem die Hände rasch an das Badetuch angedrückt werden. Ist der Patient kräftig genug, so muss er währenddem mit den vorderen Teilen des Tuches seine vordere Körperfläche bearbeiten. Hierauf wird das nasse Leintuch mit einem Ruck fallen gelassen, und der Diener wirft in der gleichen Weise, wie vorhin jenes, jetzt das bereit liegende Frottiertuch über die Schultern des Badenden und reibt ihn, event. mit dessen Hilfe, schnell und kräftig trocken, wobei die Füsse besonders zu berücksichtigen sind. Darnach Ankleiden und Bewegung im Freien oder Zimmergymnastik, bis starkes Wärmegefühl eintritt. Die ganze Prozedur darf nicht länger als 2—3 Minuten dauern.

Wirkungsweise. Der erste sichtbare Effekt der Abreibung an dem bettwarmen Körper ist eine tiefe, laute Inspiration, der nach einer kleinen Pause beschleunigte und verstärkte Atemzüge folgen. Der Puls wird verlangsamt, im Mittel um 20 Schläge. An der Haut bemerkt man im ersten

Augenblick eine Kontraktion der Gefässe, mit welcher eine
Rückstauung des Blutes nach den inneren Organen einher-
geht (u. a. nach den Hirnhäuten — daher kalter Kopfumschlag!). Der Kontraktion folgt bald, unterstützt durch den
Einfluss des Reibens, die Erweiterung und Blutüberfüllung
der Hautgefässe, wodurch die inneren Organe entlastet werden
und dem Körper Wärme entzogen wird. Alle diese Erscheinungen erklären sich durch den gleichzeitig auf sämtliche
sensiblen Hautnerven ausgeübten Reiz, durch welchen Reflexe
in den motorischen Bahnen ausgelöst werden. Der Gesamt-
erfolg dieser Vorgänge besteht in einer beträchtlichen Steigerung der Oxydationsprozesse; die thermische Wirkung tritt
hiergegen zurück, kann aber gesteigert werden, wenn man
die Abreibung etwas länger dauern lässt und von Zeit zu Zeit
kaltes Wasser an wechselnden Körperstellen auf das Leintuch
nachgiesst (Lakenbad): hierdurch lässt sich eine nicht un-
bedeutende Abkühlung des Körpers erzielen.

Indikationen. Wie aus diesen Erklärungen hervorgeht,
wird die kurzdauernde kalte Abreibung sich wirksam zeigen
bei Verlangsamung des Stoffwechsels, also bei chronischen
Verdauungs- und Ernährungsstörungen. Namentlich kommen
in Betracht: chronische Diarrhoe, Anämie, die Anfangsstadien
der Phthise. Grosse Vorsicht ist dagegen bei Neurasthenikern
notwendig, da nicht alle die gerade bei diesem Leiden viel-
verordnete Prozedur vertragen. Man beginnt sie hier am
besten nach Ziemssens Vorschlag mit höheren Temperaturen
(24° R.) und geht allmählich auf 15° herunter, wobei dem
Wasser zur Erhöhung des Nervenreizes Salz (1 Esslöffel auf
1 Liter Wasser) zugesetzt werden kann. Etwaiger Blutandrang
nach den inneren Organen ist sorgfältig zu beachten. Nach
der Abreibung lässt man im Anfange der Kur den Patienten
auf einige Zeit ins Bett zurückkehren. Für alle schwereren
Fälle von Neurasthenie ist zur Erreichung der vollen Heilwirkung
ausser den Abreibungen Unterbrechung des Berufes, Klima-
wechsel, geistige Ruhe, geregelte Diät, Gymnastik u. s. w. —
mit einem Worte der Aufenthalt in einer Wasserheilanstalt noth-
wendig. Die so häufig von den Laien beliebte Selbstverordnung
der Abreibungen, die während des Berufes, unter Fortdauer aller
das Leiden bedingenden Schädlichkeiten, ohne ärztliche Kon-
trolle und oft genug ganz unzweckmässig ausgeführt werden,
ist meist geeignet, den Patienten nur noch nervöser zu machen.
Dies sollte auch für Ärzte ein Fingerzeig sein, nicht ohne
weiteres und unterschiedslos jedem Neurastheniker eine häusliche Abreibungskur zu verordnen. Dieselben Grundsätze

gelten für die Behandlung der Hysterie. Auch gegen Psychosen, welche mit Depressionszuständen einhergehen, besonders Melancholie, empfiehlt Winternitz die kalten Abreibungen. Als Fiebermittel wird die Abreibung, zumal in der Modifikation des Lakenbades, nach der Abwaschung als zweite Stufe der wärmeentziehenden Prozeduren angewandt. Sie hat zugleich bei Kindern oft einen diagnostischen Wert, insofern als nach ihr ein vorher undeutlich ausgesprochenes Exanthem voll zur Erscheinung kommt.

Kontraindikationen. Neigung zur Kongestionierung innerer Organe und ein solcher Zustand der Haut, der den mechanischen Eingriff des Abreibens verbietet, also Wunden, Geschwürsprozesse, Schmerzhaftigkeit einzelner Hautstellen.

Wie es Teilwaschungen giebt, so kann man auch Teilabreibungen machen. Es wird Glied für Glied des im Bette liegenden Patienten nach einander in ein nasses Handtuch gewickelt, in der oben beschriebenen Weise abgerieben und mit einem Abtrockentuche trocken frottiert. Die Wirkung ist ähnlich derjenigen der Waschung, nur kräftiger.

3. Die feuchte Einpackung.

Technik. Zur feuchten Einpackung, auch Wickel genannt, braucht man für einen Erwachsenen ein bis zwei Laken von der für die Abreibung erforderlichen Grösse und eine wollene Decke (Kotze) von 3 m Länge und 2 m Breite. Die Einpackung erfordert, wenn sie rasch und gut gemacht werden soll, grosse Übung und Akkuratesse; sie kann deshalb beim Erwachsenen nur von einem geschulten Badediener richtig ausgeführt werden. Bei Kindern ist sie unter Aufsicht und nach Angabe des Arztes von den Angehörigen leicht zu bewerkstelligen. Die wollene Decke wird über das Bett oder einen Divan gebreitet, darüber kommt das ein- oder mehrfache, in kaltes Wasser getauchte und ausgerungene Laken glatt zu liegen, und nun streckt sich der entkleidete Patient darauf aus bezw. wird darauf gelegt. Das Laken wird nun möglichst rasch um denselben herumgeschlagen und zwar so, dass es zwischen die Schenkel und zwischen Arme und Stamm hineingestopft wird und die Füsse vollständig umhüllt. Die Arme können frei bleiben oder event. bei doppelten Leintüchern in das zweite Tuch eingepackt werden. Der Kopf bleibt gewöhnlich frei, die Füsse dürfen auch bei doppelter nasser Lage nur in ein Laken gewickelt werden. Schliesslich wird die wollene Decke vorn über dem Patienten zusammengelegt, sodass sie alle in das Leintuch gewickelten Teile gut und sicher von der Aussenluft abschliesst (besonders die Füsse!). Der Hals muss von den oberen Rändern der Tücher dicht umschlossen, aber nicht etwa eng eingeschnürt sein. Über den wie ein Wickelkind daliegenden Eingepackten können noch Betten und Decken gelegt werden. Während der Patient gewickelt liegt, sind die Fenster zu öffnen.

Wirkungsweise. Die Wirkung der mit nur einer feuchtkalten Lage gemachten Einpackung zeigt sich im ersten Momente infolge des Kältereizes als Stockung der Atmung im Inspirationskrampfe. Pulsbeschleunigung und Blässe der Haut. Nach kurzer Zeit beginnt die wärmestauende Wirkung der Packung. Das Blut strömt reichlich nach der Haut, die Temperatur derselben steigt allmählich, da die Verdunstung nur eine sehr geringe ist, und es kommt zum Schweissausbruch. Der Puls — den man beim eingepackten Kranken an der a. carotis oder a. temporalis fühlt — hat nach Überwindung des Kältereizes an Frequenz abgenommen, die Atmung ist dagegen etwas frequenter geworden. Dauert die Packung bis zum Schweissausbruche, so wird der Puls in dieser späteren Periode wieder rascher, sodass er die am Beginne der Prozedur erreichte Zahl noch übersteigen kann, und die Atmung nimmt wieder ab. Durch den starken Schweiss ist eine messbare Abnahme des Körpergewichtes (infolge von Wasserverarmung des Blutes) bedingt. Der blutwarme Dunst, der vor dem Schweissausbruche die Haut umgiebt und jeden Reiz von ihr abhält. die Gehirnanämie und schliesslich die mechanische Wirkung des absoluten Stillliegens ist dem Eintritt des Schlafes förderlich: der Eingepackte schläft gewöhnlich nach der ersten Viertelstunde ein. Während die vollkommene Erwärmung der Haut meist schon nach 10 Minuten zustande gekommen ist, kann sie bei blutarmen. schwächlichen Personen mit ungenügender Reaktionskraft weit länger, selbst stundenlang ausbleiben: bei diesen muss man die geminderte Kontrastwirkung zwischen der Wärme des Körpers und der Kälte des Leintuches dadurch steigern, dass man vor der Packung eine künstliche Wärmestauung hervorruft, indem man den Patienten erst für einige Zeit fest in warme Betten einstopfen lässt: ausserdem ist der Eintritt der Wirkung durch kräftiges Frottieren der Teile. die sich nicht ordentlich erwärmen wollen, namentlich der Füsse, zu beschleunigen.

Der Gesamteffekt der Einpackung richtet sich nun nach der Art der Ausführung. Bei der bisher vorausgesetzten

Art, wo also der Patient im einfachen Laken bis zur Schweissentwicklung und event. noch während derselben eingepackt liegt, haben wir folgende Wirkungen: Beruhigung des Nervensystems bis zur Einschläferung, Entlastung der inneren Organe, Verlangsamung der Stoffwechselvorgänge, anfängliche Wärmeentziehung, die sich später wieder ausgleicht, und endlich Schweissabsonderung, die für verschiedene therapeutische Zwecke erwünscht sein kann. Dadurch, dass wir der Packung eine kurz dauernde Abkühlung (kalte Abreibung, kalte Douche) folgen lassen, erzielen wir auch eine Stärkung des Tonus der Hautgefässe in der schon mehrfach erörterten Weise. — Wird dagegen der Schweissausbruch nicht abgewartet, sondern alsbald nach Beginn der Wärmestauung (nach ca. 10 Minuten) die Einpackung beendigt und durch eine neue ersetzt (am besten, indem man den Patienten schnell auspackt und in eine auf einem anderen Bette schon vorbereitete Packung bringt), so bekommen wir eine andauernde milde Wärmeentziehung, die noch nachhaltiger wird, wenn man nicht eine einfache, sondern eine zwei- bis dreifache nasskalte Lage verwendet. Dabei kann jede folgende Packung immer um 10 Minuten länger liegen bleiben als die vorhergehende; zum Schlusse wird eine kalte Abreibung gegeben. Indem wir die Packungen so lange wiederholen, bis die fieberhafte Temperatur zur Norm herabgesunken ist, haben wir in denselben ein sehr brauchbares Antipyretikum.

Indikationen. Die häufigste Verwendung finden die feuchtkalten rechtzeitig gewechselten Einpackungen als Fiebermittel; die namentlich für die häusliche Kinderpraxis sehr bequeme Prozedur kann bei allen Infektionskrankheiten mit Nutzen angewandt werden. Die einmalige, länger dauernde, aber noch vor dem Schweissausbruche abgebrochene Einpackung dient zur Beruhigung des Nervensystems und besonders der Herzinnervation, also bei Herzneurasthenikern, bei manchen leichteren Psychosen mit Aufregungszuständen (Delirium acutum, Mania mitis), ferner zur Belebung der Hautzirkulation bei Chlorose, Neurasthenie (Hypochondrie), bei veralteten Hautgeschwüren. Am seltensten wird die schweisstreibende Wirkung der feuchtkalten Einpackung beansprucht, da bei ihr der Ausbruch des Schweisses zu lange auf sich warten lässt und die Menge des secernierten Schweisses keine sehr grosse ist In ersterer Beziehung ist der feuchtwarmen, in letzterer der trockenen Einpackung (s. u.) der Vorzug zu geben.

Kontraindikation: Schwäche und Kollaps.

Die feuchtwarme Einpackung wird in derselben Weise gemacht, wie die kalte, nur dass das Leintuch (event. in doppelter Lage) in heisses Wasser getaucht und der Patient in das noch dampfende Tuch eingepackt wird. Dauer 2 bis 3 Stunden. Über die Packung werden noch Wolldecken und Betten gehäuft. Der Zweck ist direkte Wärmezufuhr bei grosser Schwäche und baldiger Schweissausbruch. Noch intensiver schweisstreibend, wenngleich anfangs für das Empfinden des Patienten unangenehmer, ist

die trockene Einpackung,

nach ihrem Erfinder auch als Priessnitzsche Schweisspresse bezeichnet.

Technik. Der Patient wird in eine etwas angewärmte wollene Decke von 3 m Länge und 2 m Breite auf die für die feuchte Packung geschriebene Weise eingewickelt und darnach mit wollenen Tüchern und Betten bedeckt. Dauer der Einpackung 1½—2 Stunden; während derselben sind die Fenster zu öffnen, doch ohne dass ein Luftzug den Eingepackten treffe.

Wirkungsweise. Durch die Wärmestauung, den Druck der Decken, der die willkürliche Muskulatur erschlafft, und durch den mechanischen Reiz der feinen Wollhärchen der Kotze kommt es zur Erweiterung der Hautgefässe. Die Blutzirkulation wird beschleunigt, das Blut strömt reichlich nach der Peripherie und kehrt, ohne daselbst an Wärme verloren zu haben, nach den inneren Organen zurück, deren Temperatur dadurch um 0,5—1,0° C. gesteigert wird. Nach leichten Kongestionserscheinungen tritt neuer Schweiss ein, der die überschüssig an der Peripherie angehäufte Wärme entführt, das aufgeregte Nervensystem wieder beruhigt, eine Wasserentlastung des Blutes und somit eine gewaltige Beeinflussung des Stoffwechsels herbeiführt. Der Eintritt des Schweisses wird beschleunigt, wenn schon vor der Packung eine Wärmestauung erzielt wurde, sei es durch ein heisses Bad, ein Dampfbad, durch reichliches Trinken von warmem Wasser oder Thee, oder nach Winternitz durch eine anstrengende Promenade oder Bergtour in warmer und schwerer Kleidung. Die Quantität des Schweisses wird gesteigert, indem man den Patienten in kürzeren Zwischenräumen grössere Mengen kaltes Wasser trinken lässt. Stärkere Kongestion zum Kopfe erfordert kalte Kopfumschläge, auch muss im Gesichte der Schweiss beständig sorgsam abgewischt werden. Nach der Packung bezweckt eine abkühlende Prozedur (kalte Abreibung, Begiessung mit mehreren Eimern kalten Wassers, Regenbad) die Hautgefässe wieder zur Kontraktion zu bringen und den Schweiss zu beenden.

Indikationen. Die Schweisspresse dient sowohl als selbständige Schwitzprozedur, wie als Mittel zum »Nachschwitzen« nach Vorausschickung eines anderen schweisstreibenden Verfahrens (heisses Bad, Dampfbad). Die therapeutische Bedeutung des Schweisses ist aus der Indikationsstellung für das Dampfbad (s. o.) zu entnehmen. Auch für die

Kontraindikationen gilt dasselbe.

4. Die Umschläge.

Die Umschläge sind ganz allgemein als Teilpackungen zu bezeichnen, indem einzelne Körperteile, allerdings mit verschiedenen Modifikationen, in ähnlicher Weise eingepackt werden, wie dies bei der feuchten Einpackung mit dem ganzen Körper geschieht. Man unterscheidet kalte oder besser abgekühlte Umschläge, ferner erregende, erwärmende oder Priessnitzsche Dunstumschläge und endlich warme bezw. heisse Umschläge. Die kalten Umschläge bestehen einfach in sogenannten kalten Kompressen, d. h. einem mehrfach (4—8fach) zusammengelegten, in kaltes Wasser getauchten und mässig ausgewundenen Stück Leinenzeug (Taschentuch, Handtuch u. dgl.). Durch die unmittelbare Abkühlung der Haut sowie durch die Verdunstung des Wassers wird die lokale Temperatur herabgesetzt; dabei fängt aber der Umschlag bald an sich zu erwärmen und muss dann sofort durch einen neuen ersetzt werden. Dieses fortwährende Wechseln des Umschlages ist für den Kranken und den Pfleger gleich lästig und bedingt — indem die frisch aufgelegte Kompresse stets etwas kälter ist als die soeben entfernte, auch wenn diese noch so kurze Zeit gelegen hat — eine immer wiederkehrende Reizung des erkrankten bezw. entzündeten Teils, welche die Entzündung eher steigert, statt sie zu vermindern. Zweckmässiger verfährt man deshalb so, dass man die kalte Kompresse mit einem Stück Gummipapier (Wachstaffet) überdeckt und einen Eisbeutel darauflegt. In dieser Form kann der Umschlag lange Zeit kalt erhalten werden. Andere Vorrichtungen, welche man zum dauernden Kühlhalten des kalten Umschlags erdacht hat, werden später zur Sprache kommen.

Die erregenden oder Dunstumschläge werden in folgender Weise gemacht. Ein doppelt zusammengefaltetes Stück

Leintuch wird in kaltes Wasser getaucht, kräftig ausgewunden und ganz glatt um den zu bedeckenden Teil herumgelegt; darüber kommt ein Stück Gummipapier, Wachstaffet
oder auch wollenes Zeug. welches das feuchte Tuch allseitig
um Fingerbreite überragt, und das Ganze wird mit einem gut
anschliessenden wollenen Tuche oder einer Rollbinde befestigt.
Das nasskalte Tuch erwärmt sich bald, und die Haut befindet sich, da der Wasserdampf nicht oder nur in geringem
Grade nach aussen entweichen kann, in einem blutwarmen
Dunste, wodurch das Blut von innen nach aussen abgeleitet,
und in tiefer gelegenen entzündeten Teilen eine normale
Zirkulation wiederhergestellt wird. Ausserdem ist die reizmildernde Wirkung dieses Dunstes auf die Hautnerven und
wohl auch der Einfluss auf das Zellenleben der subkutanen
Gewebe von grosser Wichtigkeit. Im übrigen ist die Wirkungsweise der erregenden Umschläge noch nicht in allen Punkten
aufgeklärt.

Warme und heisse Umschläge werden mit einer in
heisses Wasser getauchten und gut ausgewundenen Kompresse
gemacht, die man (nach flüchtiger Berührung der eigenen
Wange, um zu erkennen, ob sie nicht zu heiss ist) auflegt
und mit Wachstaffet und wollenem Tuche bedeckt. In dieser
Form gemacht, haben die heissen Umschläge denselben Nachteil,
nur im entgegengesetzten Sinne, wie die kalten: sie kühlen
sich rasch ab, bis auf Blutwärme, und müssen deshalb oft
gewechselt werden. Auch hier greift man deshalb zu Vorrichtungen, die ein dauerndes Warmhalten der Umschläge ermöglichen, oder man verwendet statt des Wassers andere
feuchte Medien, welche die Wärme länger festhalten, als
jenes. Solche Medien sind warme Breie (aus Leinsamenmehl,
Kartoffeln u. s. w.), ebenso Moorerde. Man schlägt den Brei
in Leinwand ein und legt diesen Breiumschlag (Kataplasma),
mit Gummipapier und wollenem Tuche bedeckt, auf. Der
Umschlag bleibt mehrere Stunden warm; die Herstellung und
event. die Wiedererwärmung geschieht am schnellsten und
saubersten mit einem Kataplasmakocher. Vorsicht gegen
etwaige Hautverbrennung durch zu hohe Temperatur ist beim
Kataplasma besonders notwendig; ferner muss bei längerer
Anwendung die Haut öfters mit Öl bestrichen werden. um
das Gefühl der Spannung infolge Aufquellens der Epidermis
zu mindern. — Alle heissen Umschläge üben einen mächtigen
Einfluss auf das Zellenleben aus. Der Zustrom des Blutes
nach der Haut und den darunter liegenden Geweben wird
ausserordentlich vermehrt, und alle Lebensprozesse dadurch

gesteigert, also sowohl Resorption vorhandener Exsudate, als
Erweichung starrer Infiltrate, Beförderung der Eiterung u s. w.
erzielt. Ferner wirkt die feuchte Wärme in hohem Grade
schmerzlindernd. Die Kataplasmen haben deshalb — intakte
Haut vorausgesetzt — einen grossen Wirkungskreis; in der Wundbehandlung sind sie jedoch mit Recht durch den antiseptischen
bezw. aseptischen feuchtwarmen Verband verdrängt worden.

Umschläge können natürlich auf jede beliebige Körperstelle, der soeben dargestellten Technik und Wirkungsweise
entsprechend, appliziert werden. Wir besprechen im Folgenden nun eine Anzahl der am häufigsten angewandten Umschlagsformen, soweit sie nach Technik und Indikationsstellung Besonderheiten darbieten.

a. Kopfumschläge.
Kalte Kopfumschläge.

Technik. Ein grösseres, zwei- bis dreifach zusammengelegtes Stück Leinen, besser noch eine aus mehreren Lagen
bestehende Haube, wird feuchtkalt über den Kopf gestülpt.
Um den häufigen Wechsel zu vermeiden, legt man darüber
noch ein Stück Gummipapier und einen Eisbeutel. Statt des
Eisbeutels wendet Winternitz die Kühlkappe an, einen Beutel
aus Guttapercha in Form einer Kappe mit zwei Öffnungen.
Durch ein zuführendes Rohr strömt in dieselbe aus einem in
der Höhe angebrachten Behälter kaltes Wasser, welches durch
ein Ausflussrohr in einen am Boden stehenden Eimer abfliesst.
Es geht somit ein kontinuierlicher Wasserstrom von beliebig
abstufbarer Temperatur durch die Kappe und kühlt den
darunter liegenden Umschlag ab. Dabei fällt der lästige
Druck, den der Eisbeutel auf den Kopf ausübt, weg; man
braucht kein Eis zu beschaffen, und der ganze Kopf wird
gleichmässig, nicht wie beim Eisbeutel, nur an einer Stelle
gekühlt. Auf einem ähnlichen Prinzipe beruht der Leitersche
Kühlschlauch. Diese Vorrichtung besteht aus dünnen Zinn-
oder Gummiröhren, die spiralig angeordnet sind und beliebig
nach dem betreffenden Körperteile gebogen werden können,
und in denen in der gleichen Weise, wie in der Kühlkappe,
Wasser zirkuliert. Endlich ist speziell zur Kühlung des
Hinterkopfes ein einfaches und bequemes Mittel zu empfehlen,
das sog. Eiskataplasma (Hein). Auf einem Stück Leinwand
wird eine etwa 1½ Finger starke Schicht Leinsamenmehl
(oder Holzwolle) ausgestreut, darüber kommt eine ebenso
hohe Lage kleiner Eisstückchen und über diese abermals
eine Leinsamenschicht. Das Ganze wird nach Art eines

Kataplasmas zusammengefaltet und unter das Hinterhaupt des Kranken gelegt. In dieser Form schmilzt das Eis sehr langsam, die Abkühlung ist somit eine dauernde, und das Schmelzwasser wird von dem Leinkuchen aufgesogen, sodass keine Durchnässung des Kopfkissens eintritt. Das Eiskataplasma braucht nur vier- bis fünfmal innerhalb 24 Stunden erneuert zu werden. Verwendung findet es hauptsächlich in der Kinderpraxis.

Wirkungsweise. Von einer Abkühlung des Gehirns kann keine Rede sein, da einerseits dasselbe durch die beständige gleichmässige Überflutung mit reichlichen warmen Blutmassen gegen äussere Temperaturunterschiede genügend geschützt ist, andererseits, wenn eine Abkühlung (und ebenso Erwärmung) des Gehirns sich wirklich erzwingen liesse, sie die bedenklichsten sensoriellen, sensiblen und motorischen Funktionsstörungen zur Folge haben müsste. Unser Vorgehen kann sich demnach nur auf die Bedeckungen des Schädels und auf die Hirnhäute beziehen. Hierbei ist aber zu beachten, dass die der Abkühlung folgende Reaktion, also die Gefässerweiterung, gerade für die Schädelhöhle Gefahr bringen und die Wiederkehr der Beschwerden, welche die Therapie veranlassten, bewirken kann. Demgemäss wird es zweckmässig sein, den Kältereiz nicht zu brüsk einsetzen und ihn am Schlusse nur langsam wieder abklingen zu lassen. Hierfür eignen sich besonders die Kühlapparate, da sie es ermöglichen, das Wasser beliebig zu temperieren und so mit dem Reize ein- und auszuschleichen.

Indikationen. Alle Kongestionen zum Kopfe, kongestive und neuralgische Kopfschmerzen, Blutandrang zum Kopfe mit drohender Meningealblutung, Rückstauwirkung und reflektorische Wallung bei Wasserprozeduren an anderen Körperteilen (besonders an den Füssen), meningitische Prozesse.

Kontraindikationen. Hirnanämie, rheumatische Schmerzen am Kopfe.

Erregende und heisse Kopfumschläge.

Technik. Der erregende Umschlag wird als feuchtkalte Haube (in einfacher Lage) angelegt, die durch ein gut abschliessendes wollenes Tuch oder eine wollene Haube befestigt wird, den Kopf allseitig komprimierend. Er wird meist abends gemacht und bleibt über Nacht liegen; nach der Abnahme am Morgen wird der Kopf feucht abgerieben und dann trocken frottiert. — Heisse Kopfumschläge bestehen in heissen Kompressen, die durch Bedecken mit Wachstaffet und wollenen Tüchern vor dem allzuraschen Abkühlen geschützt werden. Will man den öfteren Wechsel vermeiden, so legt man über die Kompresse die Winternitzsche Kappe oder den Kühlschlauch und lässt warmes Wasser durchlaufen.

Indikationen für die feuchte Wärme sind Kopfschmerzen, die auf angiospastischer und rheumatischer Basis oder auf Hirnanämie beruhen.

Kontraindikationen natürlich alle kongestiven Zustände des Kopfes.

b. Halsumschläge.

Auch für den Hals sind kalte, heisse und erregende Umschläge in Gebrauch, von denen die letzteren neben den kalten Kopfumschlägen die beliebtesten aller Umschlagsformen überhaupt darstellen.

Kalte Halsumschläge.

Technik. Die nasskalte Kompresse (Taschentuch) wird glatt um den Hals herumgelegt, der davon in seiner ganzen Höhe umschlossen sein soll; darüber kommt ein überragendes Stück Gummipapier und über dieses wird entweder zu beiden Seiten des Halses je ein wurstförmiger Eisbeutel oder statt des letzteren die Winternitzsche hohle Kautschukkravatte herumgelegt, in der man kaltes Wasser, wie bei der Kühlkappe, zirkulieren lässt.

Wirkungsweise. Es wird die ausserordentlich gefässreiche Region des Halses, speziell die Karotiden mit ihrem reichen Astgeflecht, anämisiert und somit der Blutzufluss zu den Rachenteilen und den Kopforganen vermindert.

Indikationen. Erstens lokal alle starken entzündlichen Prozesse im Halse (schwere Anginen, Pharynx- und Larynxkatarrhe, Kroup, Diphtherie), so lange der Höhepunkt noch nicht überschritten ist — zweitens, nach dem Prinzipe der zentralen Kältebeeinflussung peripherer Entzündungen, entzündliche Kopfaffektionen.

Kontraindikationen. Fortgeschrittene Stadien der Entzündung mit Tendenz zur Eiterbildung.

Erregende Halsumschläge.

Technik. Die nasskalte Kompresse wird um den Hals herumgelegt, darüber Gummipapier (kann auch wegbleiben) und Befestigung durch eine wollene Kravatte oder Rollbinde. Der Umschlag wird erst dann erneuert, wenn er fast trocken geworden ist, etwa 2—3 mal in 24 Stunden. Soll hauptsächlich die Gegend der Kieferwinkel mit ihren Drüsen u. s. w. beeinflusst werden, so ist es besser, nach Krüche den Umschlag unter dem Unterkiefer hindurch über die Ohren hinweg zum Scheitel, ähnlich einer funda capitis, zu führen. Man bekommt auch Priessnitz-Umschäge für den Hals zu kaufen, die nach Befeuchtung mit Wasser schon gebrauchsfertig sind.

Wirkungsweise. Die anfängliche Abkühlung und nachherige Erwärmung der Haut belebt die Zirkulation und schafft frisches, bakterienfeindliches Blut in die entzündeten Organe; später wird die Haut durch die anhaltende Wärme hyperämisiert, die inneren Teile somit entlastet, und durch den blutwarmen Dunst eine schmerzstillende, reizmildernde, resolvierende Wirkung entfaltet.

Indikation. Bei allen Schleimhauterkrankungen des Rachens und Kehlkopfes milderer Natur, überhaupt fast bei sämtlichen Erkrankungen des Halses von Nutzen, ohne je zu schaden, daher besonders auch, wenn es fraglich bleibt, ob Kälte oder Wärme zu bevorzugen sei bezw. besser vertragen werde, als bestes Aushilfsmittel anwendbar.

Heisse Halsumschläge.

Technik die allgemeine, event. mit Hilfe der Winternitzschen Kravatte, durch welche man heisses Wasser strömen lässt; oder Breiumschläge.

Wirkungsweise aus den obigen allgemeinen Regeln zu entnehmen.

Indikationen. Phlegmonöse Angina, Drüsengeschwülste am Halse.

c. Brustumschläge.

Kalte.

Technik. Es giebt verschiedene Formen. Sollen vorzugsweise der obere Teil der Brust und die seitlichen Halsteile beeinflusst werden, so faltet man ein viereckiges Tuch (Serviette, Tischtuch) zu zwei Dreiecken zusammen und legt es, in kaltes Wasser getaucht und gut ausgewunden, so an, dass die Spitze der Dreiecke am Rücken herabhängt und die beiden anderen Zipfel über die Schulter herkommend sich vorn kreuzen. In derselben Weise wird darüber ein dünnes dreieckiges Wolltuch befestigt (Kreuzbinde). Sind mehr die unteren Partieen des Thorax zu kühlen, so breitet man ein länglich viereckiges dünnes Wolltuch auf dem Bette aus, darüber zwei glatte feuchtkalte Handtücher, und legt den

Patienten so darauf, dass der Rumpf von den Achselhöhlen
bis zu den Hypochondrien auf dem Umschlage ruht; sodann
wird erst die feuchte Kompresse, dann das wollene Tuch
vorn auf der Brust zusammengeschlagen. Darf der Patient
beim Wechsel der Umschläge nicht gerührt werden, so lässt
man nur das wollene Tuch beständig unter seinem Rücken
liegen und legt das nasskalte vorn und an den Seitenteilen
des Thorax auf, wonach man das trockene darüber schliesst.
Alle diese Umschläge sind, sobald sie sich erwärmen, zu
erneuern oder besser durch Anlegen von Eisbeuteln kalt zu
erhalten.

Wirkungsweise die allgemeine.

Indikationen. Frische Entzündungen des Brustfells und
der Lungen, Kongestion und Blutung in denselben, pleuritische
Schmerzen, beschleunigte Herzaktion sowohl auf nervöser als
auf organischer Grundlage. Bei Lungenblutungen empfiehlt
Winternitz besonders die Kreuzbinde in Kontakt mit Eisbeuteln über den Supraklavikulargruben.

Erregende Brustumschläge.

Technick und Formen wie bei den kalten, nur dass
eine einfache nasse Lage genommen wird und der Umschlag bis zur Erwärmung und Stunden lang darüber hinaus
liegen bleibt.

Wirkungsweise. Durch den blutwarmen Dunst, das
»madeiraartige Privatklima« (Winternitz), welches den Thorax
innerhalb des Umschlages umgiebt, wird die Zirkulation beschleunigt, das Nervengebiet der Haut und von diesem aus
reflektorisch das der Bronchien beruhigt, also Nachlass
des Hustenreizes und pleuritischer Schmerzen, gleichmässige
Atmung, Verflüssigung und erleichterte Expektoration der
Bronchialsekrete erzielt. Die wochenlange ununterbrochene
Einwirkung des feuchtwarmen Privatklimas bewirkt Resorption
entzündlicher Exsudate und Erweichung und Demarkation
käsiger Prozesse, wodurch deren Ausstossung und der Eintritt
der Narbenbildung begünstigt wird.

Indikationen. Entzündungen der Brustorgane nach Ab-
lauf des akutesten Stadiums, namentlich Pleuritis, Pneumonie,
chronische Lungentuberkulose.

Warme und heisse Brustumschläge.

Technik die allgemeine, Formen wie bei den kalten.

Indikationen. Warme Brustumschläge werden statt
der erregenden bei Brustbeschwerden wenig reaktionsfähiger

Personen (Greise) angewandt. Heisse Umschläge dienen zur kräftigen Anregung der Herzthätigkeit bei kollapsähnlichen Zuständen und als Ableitungsmittel bei starken Brustschmerzen und Atemnot.

d. Stammumschläge.

Technik. Man braucht hierzu zwei Leintücher, welche 2—4mal zusammengefaltet als Länge die Höhe des Rumpfes und als Breite das Anderthalbfache des Körperumfanges besitzen. Das eine derselben wird feuchtkalt über dem anderen, trockenen auf das Bett gebreitet, der Patient legt sich darauf, und es wird nun zuerst das nasse, dann das trockene Tuch über ihm vorn zusammengeschlagen. Der Rumpf soll von den Achselhöhlen bis zur Symphyse eingepackt sein. Der kalte Stammumschlag erfordert ein viermal zusammengelegtes feuchtes Tuch und ist rechtzeitig zu wechseln oder durch angelegte Eisbeutel kühl zu halten; ist absolute Ruhe des Patienten notwendig, so genügt es, das nasse Tuch vorn und an den Seitenteilen aufzulegen, während das trockene, einmal unter dem Rücken durchgezogen, dauernd liegen bleibt. Macht man den Stammumschlag nur mit zweifacher feuchter Lage und lässt ihn Stunden und halbe Tage lang liegen, so wird er zum erregenden Umschlage.

Wirkungsweise. Der kalte Stammumschlag entfaltet erstens die Wirkung des kalten Brustumschlages und verbindet damit die analoge Wirkung auf den Leib: es resultiert ein mächtiger Nervenreiz und eine beträchtliche Herabsetzung der Körpertemperatur. Da sich der Stammumschlag von der kalten Einpackung nur durch das Freibleiben der Extremitäten unterscheidet, so wird auch die durch ihn erzielte Abkühlung nicht wesentlich geringer als bei dieser sein. Der erregende Stammumschlag wirkt durch den feuchten Dunst auf die Zirkulation und die vegetativen Vorgänge in der Unterleibshöhle regulierend ein.

Indikationen. Der kalte Stammumschlag dient zur Herabsetzung der Körpertemperatur bei Kranken, die sich nicht rühren dürfen oder können, zum Ersatze der Einpackungen u. s. w. Namentlich in der Kinderpraxis findet er als technisch leichteste und bequemste aller antipyretischen Prozeduren vielfache Verwendung. Lokal wirksam erweist er sich bei Magen- und Darmblutungen, bei Peritonitis, bei ausgebreiteten dysenterischen Prozessen. Erregende Stammumschläge kommen selten zur Anwendung, meist werden sie je

nach der Indikation durch erregende Brustumschläge oder die
erregende Leibbinde ersetzt.

e. Die Leibbinde,

auch Neptunsgürtel genannt, wird vorzugsweise als erregender Umschlag gegeben.

Technik. Zwei übereinandergelegte feuchtkalte Handtücher werden um die untere Hälfte des Rumpfes (Abdomen und Becken) herumgewickelt, darüber kommt ringsherum eine Lage Wachstaffet, und das Ganze wird durch ein wollenes Tuch oder eine Flanellbinde gut schliessend befestigt. Die käuflichen Neptunsgürtel bestehen aus einer langen, breiten Binde, deren inneres Drittel feuchtkalt herumgelegt wird, während die beiden anderen Drittel trocken darüber gewickelt und durch Bänder, die am Ende der Binde angebracht sind, befestigt werden.

Wirkungsweise. Die anfängliche Wirkung der Kälte auf die so besonders empfindliche Haut des Leibes und Rückens besteht in einem mächtigen Reize auf die Nerven derselben, der sich bis zu den Zentralorganen fortpflanzt und von diesen aus eine Steigerung der wichtigsten Lebensvorgänge hervorruft. Indem nach kurzer Zeit ein Temperaturausgleich zwischen Haut und Umschlag eintritt, kommt die Wirkung des blutwarmen Dunstes zur Geltung: die Hautgefässe erweitern sich, die Haut wird blutreicher, die tiefer gelegenen Organe werden von Blut entlastet, die Zirkulation wird beschleunigt, die Ernährungsvorgänge in den Unterleibsorganen lebhaft angeregt. Verzögert sich die reaktive Wirkung bei anämischen Personen mit blutleerer Haut, so muss vor Anlegung des Umschlages die Bauchhaut durch eine kalte Abwaschung mit kräftigem Frottieren oder durch warme Umschläge stark erwärmt und hyperämisiert werden.

Indikationen. Die erregende Leibbinde wird bei akuten Magen- und Darmkatarrhen, dreimal täglich gewechselt, angewandt. Noch häufiger kommt sie bei chronischen Störungen der Unterleibsorgane zur Verwendung (bei ambulanten Kranken über Nacht angelegt, bei bettlägerigen zweimal innerhalb 24 Stunden gewechselt) und zwar bei chronischem Magen- und Darmkatarrh, bei Dyspepsie nervöser Natur, bei passiven Leberhyperämieen, Hämorrhoidalzuständen, bei Beckenexsudaten, Menstrualkolik u. s. w.

f. Die Hämorrhoidalbinde.

Dieselbe besteht aus einer Binde von der Form eines **T**, deren vertikaler Schenkel zweiblättrig ist. Der horizontale

Schenkel wird über den Hüften gürtelartig um den Stamm gelegt, das innere feuchtkalte Blatt des vertikalen Schenkels von vorn zwischen den Schenkeln hindurch zu dem horizontalen zurückgeführt und mit dem trockenen Blatte bedeckt. Als erregender Umschlag wird diese Binde bei herausgetretenen und schmerzhaften Hämorrhoidalknoten angewandt; die feuchte Wärme erschlafft den Sphincter ani und erleichtert das Zurücktreten der Knoten.

g. Die Wadenbinde.

Technik. Um jede Wade wird ein feuchtkaltes Handtuch mehrmals herumgewickelt und mit einer Rollbinde befestigt. Statt dessen kann ein Paar feuchte baumwollene und darüber ein Paar trockene wollene Strümpfe angezogen werden.

Wirkungsweise. Als erregender Umschlag über Nacht angewandt, bewirkt die Wadenbinde eine beträchtliche Ableitung des Blutes nach den Unterschenkeln und Füssen.

Indikation: Kopfkongestionen mit ihren Folgen (Kopfschmerz, Schlaflosigkeit), beginnende Erkältungskatarrhe (Schnupfen, Angina).

Zum Schlusse betrachten wir noch eine Umschlagsmethode, die in ihrer Technik von allen bisher beschriebenen Formen abweicht, den sog. Longettenverband. Verschieden lange und breite Streifen von leinenen Rollbinden (aus alter weicher Leinwand) werden nasskalt auf den zu behandelnden Teil aufgelegt, so dass sie sich dachziegelförmig decken und in mehreren Schichten der Hautstelle glatt und fest aufliegen. Dieser Verband kann entweder unbedeckt bleiben und durch zeitweises Aufträufeln von kaltem Wasser kühl erhalten werden, oder er wird mit Gummipapier und trockenem Tuche belegt und wirkt dann als erregender Umschlag. Der kalte Longettenverband eignet sich vortrefflich als entzündungswidriges Mittel, da er neben der kühlenden Wirkung dem Gebote der absoluten Ruhe des entzündeten Teils entspricht und weder Reiz noch Druck ausübt. Der erregende Longettenverband hat sich zur Erweichung hartnäckiger Fussgeschwüre mit starren Rändern, kallöser Fisteln, skrophulöser Drüsenpackete u. s. w. bewährt, wobei (ausser der Kompression) ebenfalls die kontinuierliche Wirkung des feuchtwarmen Dunstes von Bedeutung ist, da dieselbe durch einfaches Nachfeuchten des Verbandes, ohne die erkrankte Partie zu entblössen, zu bewegen oder zu berühren, lange Zeit unterhalten werden kann. Neuerdings wird der Longettenverband vielfach durch die sehr aufsaugungsfähige Verbandmooswatte (z. B. von Aubry) ersetzt. Dieselbe wird tafelförmig aufgelegt und von oben her mit reinem Wasser benetzt, das von ihr gierig aufgesaugt wird, wodurch dieselben Wirkungen wie beim Longettenverbande zustande kommen.

5. Die Mittel zur lokalen Anwendung trockener Kälte und Wärme.

Im Hinblick auf die schon mehrfach von uns vorgenommene Erweiterung des Begriffes der Hydrotherapie zu dem einer Thermotherapie besprechen wir jetzt, an die lokale Applikation feuchter Kälte und Wärme anschliessend, die Mittel zur lokalen Anwendung trockener Kälte und Wärme. Vergleichen wir die Wirkung der trockenen Kälte mit derjenigen der feuchten, so finden wir: die trockene Kälte durch Eis wirkt unmittelbar auf die Haut natürlich intensiver als die feuchte, die nie so niedrig temperiert ist als das Eis; da aber durch die maximale Kontraktion der Hautgefässe fast alle Flüssigkeit aus den oberen Hautschichten verdrängt wird, so werden die letzteren zu einem schlechten Wärmeleiter, der die tieferen Hautschichten, die subkutanen Gewebe und die darunter gelegenen Organe vor allzustarker Abkühlung schützt — mit anderen Worten, die trockene Kälte kühlt zwar die Oberfläche stärker als die feuchte, wirkt aber weit weniger in die Tiefe. Andererseits kann die überaus kräftige oberflächliche Wirkung, namentlich bei schon verdünnter, schlecht ernährter Haut, Gangrän verursachen. Ein weiterer Nachteil der trockenen Kälte gegenüber der feuchten besteht darin, dass die erstere weit eher rheumatische Schmerzen nach längerer Anwendung hinterlässt. Aus dem Gesagten ergiebt sich, dass man den Gebrauch der trockenen Kälte für die Haut möglichst einschränken und, sobald es sich um die Durchkühlung tieferer Particeen handelt, der feuchten Kälte den Vorzug geben wird, sowie dass man bei längerer Anwendungsdauer öftere Pausen eintreten lassen muss. Anders verhält es sich mit dem Gebrauche von Kühlvorrichtungen für die Schleimhäute, z. B. der Harnröhre, des Mastdarms; dieselben werden durch die Sekrete der letzteren feucht gehalten, und wir haben es daher hier nur mit einer Modifikation von feuchter Kälteanwendung zu thun. — Die trockene Wärme teilt mit der feuchten die schmerz- und krampfstillende Wirkung und scheint ihr darin sogar in manchen Fällen überlegen zu sein; dagegen fehlt ihr der mächtige Einfluss auf das Zellenleben, die resolvierende und die resorptionsfördernde Wirkung. Die

trockene Wärme wird daher Anwendung finden können, wo
man auf die letztere verzichten kann und nur schmerzstillend
wirken will, also z. B. bei Koliken; ferner zum Zwecke der
direkten Wärmezufuhr (bei kalten Füssen u. dgl.).

Trockene Kälte kann appliziert werden durch Handtücher, welche zwischen grossen Eisstücken gekühlt werden.
Der Nachteil des häufigen Wechsels macht sich auch hier, wie
bei den kalten Umschlägen geltend. Nachhaltigere Kältewirkung wird erzielt durch Behälter, welche mit Eis oder kaltem
Wasser gefüllt werden. Dazu gehören:

a. der allbekannte Eisbeutel (s. u.);

b. die Chapmanschen Rückenschläuche, länglich ge-
formte Eisbeutel aus Gummi, die mit Bändern und Schlingen
über der Wirbelsäule befestigt werden und den Zweck haben
sollen, ganz bestimmte Gebiete des Rückenmarks durch Än-
derung (Beschleunigung) ihrer Zirkulation therapeutisch zu
beeinflussen — theoretisch unzulänglich begründet, praktisch
nicht sicher bewährt;

c. die Herzflaschen aus Gummi oder Zink, von verschiedener Form für beide Geschlechter; sie werden auf die
Herzgegend gebunden und sind zur Beruhigung der erregten
Herzaktion bei ambulanten Herzkranken mitunter ganz zweckmässig.

Aber auch diese Behälter erwärmen sich allmählich an
der Haut und müssen dann frisch gefüllt werden; sie besitzen
somit ebenfalls durchweg den Nachteil der abnehmenden Kältewirkung und des dafür um so intensiveren Reizes bei der
Neufüllung. Am vollkommensten sind deshalb die Vorrichtungen, in denen kaltes Wasser (bezw. Eiswasser) fortwährend
zirkuliert; sie sind nach ihrer Temperatur regulierbar, wirken
konstant und stellen, einmal in Gang gesetzt, nicht, wie die
bisher erwähnten, eine fortwährende Belästigung für den
Kranken und das Wartepersonal dar. Es sind dies:

a. der schon beschriebene Leitersche Kühlschlauch,
der also auch (auf trockner Unterlage) zur Applikation
trockener Kälte dienen kann; dasselbe gilt für

b. die Winternitzsche Kühlkappe und die Kravatte;

c. die Kühlbetten nach Kisch mit Kopfkissen, Unterlage und Decke aus Guttapercha — alles von kaltem Wasser
durchströmt; ebenso einzelne Kühlkissen;

d. die Kühlsonde (der Psychrophor) nach Winternitz,
ein Katheter à double courant mit zu- und abführendem

Schlauche, dient zur Tonisierung des Sphincter vesicae und der mm. bulbo- und ischiocavernosus und wird gegen Schwächezustände derselben, wie Nachträufeln des Urins, Pollutionen u. s. w., angewandt (8—10 Minuten lang mit Wasser von 10° R.);

e. der **Mastdarmkühler** von Atzperger, ein metallener hohler Zapfen mit Zu- und Abflussrohr;

f. die **Kühlblase** für den Mastdarm nach Winternitz, eine Gummiblase, innerhalb deren eine Art Katheter à double courant mit Zu- und Abflussrohr verläuft; durch Hemmung des Abflusses kann die Blase ausgedehnt werden und somit eine Kompression auf die umgebenden Teile ausüben (gegen Entzündungen in der Nähe des Mastdarms, Affektionen der Prostata, Metrorrhagieen empfohlen);

g. die **Kemperdicksche Kühlsonde** für den Mastdarm in Form einer Schlundsonde, in welche kaltes Wasser hineingeleitet wird, welches durch einen in der Sonde befindlichen weichen Katheter wieder abfliesst — wird 20—25 cm weit in das Rektum eingeführt, bewirkt eine direkte Abkühlung der Blutmasse in der Unterleibshöhle und dadurch eine Herabsetzung der Körpertemperatur, bei Fiebernden um mehr als 3° C.;

h. der **Vaginalrefrigerator**, ein doppelwandiges Spekulum mit Zu- und Abfluss, wirkt entzündungswidrig bei den Affektionen der Gebärmutter und reizabstumpfend bei Hyperästhesie der Sexualorgane.

Von den genannten zahlreichen Kühlvorrichtungen mit und ohne Zirkulation, die in den Heilanstalten ihren Indikationen gemäss mehr oder weniger häufig in Gebrauch gezogen werden, ist die für den ärztlichen Praktiker wichtigste und gebräuchlichste der Eisbeutel. Diesem haben wir daher noch einige Worte zu widmen. Dass der Eisbeutel bessere Verwendung zur Kühlung nasser Umschläge als für sich zur trocknen Kälteapplikation findet, ist schon hervorgehoben. Wird er zu letzterem Zwecke verwandt, so darf er, wenigstens bei langer Anwendung, nicht auf der blossen Haut liegen, sondern es muss eine trockne Leinwandkompresse dazwischen gelegt werden, und ferner ist der Beutel von Zeit zu Zeit zu entfernen, damit sich die Haut inzwischen wieder erholen kann. Gewöhnlich ist der Eisbeutel aus Kanevas- oder sehr elastischem Gummistoffe; im Notfalle muss eine Schweinsblase dafür eintreten, die aber leicht übelriechend wird, oder ein Sack aus Pergamentpapier. Der Eisbeutel muss nach Grösse und Form dem zu behandelnden Körperteile entsprechen; für den Kopf muss er recht gross und rund sein, um wie eine Kappe den ganzen Kopf bedecken zu können, für den Hals lang und zylindrisch (wurstförmig) u. s. f. Ist der Druck des Beutels für den Patienten lästig oder gefährlich, so lässt man den Beutel von einem Bügel über der kranken Partie herabhängen, sodass er dieselbe eben berührt. Das Eis muss in kleine Stücke zerteilt sein, was am besten durch Einstossen einer Stopfnadel erreicht wird. Das Schmelzen des Eises kann hintangehalten werden, wenn bei der Füllung Kochsalz zugesetzt wird. Sehr rasch schmilzt gewöhnlich das Eis, wenn der Beutel unter einem Körperteil, z. B. unter dem Rücken, liegt; da zudem durch den Druck des Körpers auch das Schmelzwasser sich bald erwärmt, wodurch das Zerfliessen der noch festen Eisstücke noch mehr beschleunigt wird, ist es notwendig, dasselbe abzuleiten, indem man einen elastischen Katheter in den Beutel einbindet und an dem freien Ende des Katheters einen Gummischlauch zum Abfluss des Wassers befestigt. Besser ist es freilich in solchen Fällen, statt des Eisbeutels ein Kühlkissen mit Zirkulation zu verwenden. Wenn kein Eis zu haben ist, muss man zu künstlichen Kältemischungen greifen; eine solche besteht z. B. aus 3 Teilen Salmiak, 1 Teil Salpeter und 10 Teilen Wasser, dazu kommen noch 6 Teile Chlorkalium; die Gesamtmenge darf aber nicht unter 1 Kilo betragen. Die längere Anwendung des Eisbeutels bedarf immer ständiger Aufsicht und sorgsamer Wartung.

Zur Applikation trockener Wärme kann man erhitzte Handtücher u. dergl. benutzen, ferner erhitzte Ziegel- oder Marmorplatten, die mit einem Tuche umwickelt sind, Leinwandsäckchen, die mit trockenen Kamillenblumen oder mit feinem Sande gefüllt und abwechselnd im Ofenrohre gewärmt werden, sog. japanische Wärmdosen aus Metall mit Glühstoff gefüllt, und endlich auch sämtliche Kühlapparate mit und ohne Zirkulation, indem man statt des Eises oder kalten Wassers heisses Wasser hineinfüllt bezw. hindurchströmen lässt. Von diesen Heisswasserbehältern sind die bekanntesten die metallenen Wärmflaschen (auch durch Steinkrüge zu ersetzen) und die Schottsche Heisswassergummiblase mit Thermometer. Die Temperatur des verwandten Wassers beträgt 50—60° R., die Dauer der Applikation 10—20—30 Minuten, wobei zu beachten ist, dass die Applikationsstelle häufig zu wechseln ist, da nach kurzer Zeit Schmerzempfindung eintritt. Alle Wärmvorrichtungen müssen mit wollenen Tüchern umwickelt sein und erheischen grosse Vorsicht zur Verhütung von Verbrennungen.

C. Innerliche Wasseranwendung.

1. Das Wassertrinken.

Wenn Wasser zu einem therapeutischen Zwecke getrunken werden soll, so muss in seiner Darreichung auch eine gewisse ratio walten. Nehmen wir zuerst die fieberhaften Krankheiten. Hier wird das Wasser zur Herabsetzung der Körpertemperatur und zur Steigerung der Diurese gegeben. Sobald »hochgestellter« Urin die Flüssigkeitsverarmung des Körpers anzeigt, hat die methodische Wasserdarreichung zu beginnen. Man giebt dann dem Erwachsenen alle Stunden ein Trinkglas (200 ccm) voll frischen Wassers, Kindern in kleineren Pausen einige Schlucke auf ein Mal. Statt reinen Wassers kann, namentlich bei Kindern, auch Eiweisswasser, Limonade u. dgl. gegeben werden. Handelt es sich um die Beschleunigung der Resorption von Exsudaten, um Anregung des Stoffwechsels bei Gicht, harnsaurer Diathese u. s. w., so ist ein Wechsel zwischen Durst und erheblicher Wasserzufuhr am Platze, indem am Tage das Getränk entzogen und abends eine reichliche Menge Wassers verabreicht wird. Zu diesem Zwecke eignet sich besonders ein salzarmes, aber kohlensäurereiches und schwach alkalisches Wasser, da dies am schnellsten resorbiert wird. — Bei chronischer Obstipation lässt man frühmorgens nüchtern ein bis zwei Glas kaltes Wasser trinken.

2. Einspritzungen und Ausspülungen.

Das gebräuchlichste und zweckmässigste Instrument zur Ausspülung von Körperhöhlen ist der Irrigator. Nur für kleinere Höhlen (Ohr, Nase, Mastdarm) kann derselbe durch eine Spritze ersetzt werden. Die Temperatur des verwandten Wassers muss für Ohr, Nase, Magen und Harnblase stets lauwarm sein. Für die Nase darf niemals reines Wasser, sondern nur 0,6 % Kochsalzlösung verwandt werden. Die Irrigation von Ohr, Nase, Mund und Vagina bezeichnet man auch als Douche, obwohl wenigstens für das Ohr und die Nase das eigentliche Charakteristikum der Douche, der mehr oder minder grosse Druck des Wasserstrahles, keineswegs zur Geltung kommen darf, vielmehr jede stärkere mechanische Wirkung dabei ausgeschlossen werden muss. Von allen Einspritzungen interessiert den Hydriater am meisten die in den Mastdarm, das Klystier; wegen weiterer Einzelheiten und Indikationen der übrigen ist auf die Spezialschriften zu verweisen; manches wird auch im folgenden Abschnitte gelegentlich erwähnt werden.

Als Klystiere oder Klysmen bezeichnet man die Einführung des Wassers vom After aus in den Darmkanal. Man unterscheidet dabei Eingiessungen (Einspritzungen), wenn das Wasser im Darme behalten werden — und Ausspülungen (Irrigationen), wenn es den Darm nach kurzer Zeit wieder verlassen soll. Für ersteren Zweck können natürlich im allgemeinen nur kleinere Mengen, für den letzteren dagegen beliebig grosse Quantitäten Verwendung finden. Die Einführung geschieht am besten stets mit dem Irrigator und einem weichen Ansatzrohre von verschiedener Länge, je nach der Höbe, bis zu welcher das Wasser gebracht werden soll. Zur Erklärung der Wirkungsweise kommt in Betracht die Menge und die Temperatur des Wassers. Das Klystier wirkt teils mechanisch — als Fremdkörper im Darm, diesen dadurch zu Ausstossungsbewegungen veranlassend, als Lösungsmittel für die Darmkatarrhe, bei grossen Wassermengen auch durch Zug an den höheren Darmschlingen, teils thermisch — als Reizmittel für die Peristaltik und temperaturverändernd. Unter Umständen ist auch die Wasserresorption zu berücksichtigen. Hiernach können verschiedene Arten von Klystieren unterschieden werden:

a. die **Massenklystiere**, mit Hilfe des Darmrohres, d. i. einer Schlundsonde, die man während des Irrigierens bis zum colon descendens langsam hinaufschiebt. Es wird hierzu Wasser bis zu 5 Litern genommen, die Temperatur muss lauwarm sein (22—24° R.). Der Patient befindet sich dabei in Knieellenbogen- oder Seitenlage. Diese Klystiere wirken lediglich mechanisch durch den Zug, den sie durch ihr Gewicht an den höheren Abschnitten des Darms ausüben (daher ihr Gebrauch bei Darmeinklemmungen und incarcerierten Hernien) und durch Fortspülung von Kotmassen, Schleim, Epithelfetzen u. dgl. bei chronischem Darmkatarrh, bei Oxyuren im Darm und bei Dysenterie (bei letzterer mit physiologischer Kochsalzlösung vorzunehmen). Zu Reinigungszwecken genügen 1—2 Liter Wasser.

b. Die **auflösenden Klystiere** zur augenblicklichen Stuhlentleerung wirken durch Auflösung verhärteter Kotmassen in der ampulla recti und im S romanum. Hierzu nimmt man einen halben Liter lauwarmen Wassers (24° R.) mit Zusatz von etwas Seife oder Öl. Der Patient liegt auf der linken Seite. Für gewöhnlich genügt ein kleines Ansatzrohr. In besonders hartnäckigen Fällen (Kotobturation bei alten Frauen) ist das Darmrohr und die Verwendung grösserer Wassermassen (1—2 Liter) erforderlich.

c. Die stuhlregulierenden Klystiere bei chronischer Obstipation dürfen nur in kleineren Mengen ($\frac{1}{4}$—$\frac{1}{2}$ Liter) von kühlerer Temperatur (16° R.) und nicht täglich, aber immer zu derselben Tageszeit gegeben werden. Sie wirken als Reiz für die Bewegung des untersten Darmabschnittes als Mastdarmtonikum, und sollen daher nach 2—3 Minuten wieder entleert werden; augenblicklicher Stuhlgang braucht nicht darnach zu erfolgen.

d. Die kalten Klystiere zum Zwecke der Tonisierung und Antipyrese werden mit 1—2 Litern Wasser von 12° R. gegeben. Sie wirken temperaturherabsetzend, daher bei Infektionskrankheiten zur Antipyrese und Wasserzufuhr nützlich, und anregend auf die Peristaltik der oberen Darmabschnitte, daher bei chronischem Magenkatarrh zuweilen an Stelle der Magenausspülungen, bei chronischem Ikterus und Leberhyperämieen in Gebrauch. Cantani empfiehlt die methodische Enteroklyse, d. h. Klystiere von 1—2 Liter kaltem Salzwasser (0,6 %) oder kalter Tanninlösung, mehrmals täglich, bei allen Infektionskrankheiten (bei Typhus abdom. jedoch nur bis zum Ende der zweiten Woche, da später die Gefahr der Perforation eines ulcus vorhanden ist). Dieselbe setzt nicht nur das Fieber herab, sondern beugt auch, im Verein mit regelmässigem Wassertrinken (s. o.), der Wasserverarmung des Organismus vor, da wenigstens ein Teil der Flüssigkeit immer resorbiert wird. Rascher erfolgt die Resorption durch

e. Bleibeklystiere, das sind Klystiere, die den Zweck haben vollständig zurückbehalten zu werden und daher nur 150—200 Gramm betragen dürfen. In schweren Fällen akuter Anämie (bei schweren Blutverlusten) können solche Salzwasserbleibeklystiere, rasch hintereinander wiederholt, bis 2 Liter verbraucht sind, die subkutane Infusion (s. u.) sehr gut ersetzen. Dieselben besitzen auch diuretische Wirkung und vermögen, zweistündlich wiederholt, bei beginnender Urämie oder bei beginnendem Coma diabeticum die Harnabsonderung beträchtlich zu steigern. Die Bleibeklystiere dienen ferner als Träger von Arzneien (Arzneiklystiere, z. B. zur Ableitung auf den Darm kalte Klystiere mit Essigwasser u. dgl.) und von Nährflüssigkeiten (Nährklystiere). Die Darstellung dieser Formen gehört nicht mehr hierher.

Zwei besondere Arten der Wasserapplikation in Körperhöhlen haben wir noch zu betrachten: das Gurgeln und das Inhalieren. Was man unter Gurgeln, dieser uralten und vielleicht am häufigsten verordneten Methode versteht, ist bekannt, aber über die Art und Wirkung herrscht noch vielfach

völlige Unklarheit. Alle möglichen Antiseptika, selbst die
giftigsten, sind schon als Gargarismen für den täglichen Gebrauch empfohlen worden, und dabei ist doch längst festgestellt, dass der Wert des Gurgelns lediglich in der Gymnastik der Gaumen- und Pharynxmuskulatur und der dadurch
bedingten Entfernung von Schleim besteht. Dass hierzu das
einfache kalte Wasser als Tonikum für diätetische Zwecke
und die physiologische Kochsalzlösung bei entzündlichen Prozessen die besten Dienste leistet, wird hoffentlich immer mehr
anerkannt werden. Zur Erweichung von akuten Infiltraten im
Zahnfleisch und in den Mandeln nimmt man heisses Wasser
oder statt dessen ganz zweckmässig eine schleimige Flüssigkeit (Malventhee u. dgl.). — Auch für die Inhalationen,
die Einatmungen zerstäubter Flüssigkeiten, hat man sich mit
der Ausprobierung zahlloser Arzneimittel und der Konstruktion
verschiedener Apparate bemüht, ohne dass den Erwartungen,
die man vor einem Vierteljahrhundert daran knüpfte, ent-
sprochen worden wäre, und dabei bleibt doch die einfachste
Methode die beste, nämlich die Einatmung des ungespannten
Wasserdampfes aus einem mit kochendem Wasser (auch Salz-
oder Natronwasser) gefüllten Topfe. Bei akuter Pharyngitis,
bei Kehlkopf-, Luftröhren- und Bronchialkatarrhen leistet dieses
bequeme Verfahren alles, was man von Einatmungen überhaupt erwarten kann: Milderung des Hustenreizes und Lockerung des zähen Sekretes ohne Ätzwirkung und Überhitzung.

3. Die subkutane Wasseranwendung.

Die subkutane Injektion von physiologischer Kochsalzlösung (Infusion, Hypodermoklyse) ist aus der Transfusion
hervorgegangen und wird in derselben Weise wie diese vorgenommen. Sie wird besonders für hochgradige Schwächezustände nach schweren Blutungen und neuerdings von Cantani
auch bei Infektionskrankheiten (besonders Cholera) empfohlen.
Als Einstichstelle wird die Gegend unter dem Schlüsselbein
bevorzugt, da hier die Zirkulation der Hautgefässe am läng-
sten erhalten bleiben soll. Das Wasser geht rasch in die
Blutbahn über und verleiht den Blutgefässen wieder normale
Spannung. Um die Wirkung zu beschleunigen, hat man auch
direkt in die Venen injiziert (intravenöse Infusion). Endlich
hat man sogar Einspritzungen in die Bauchhöhle vorgenommen.
Alle diese Methoden sind umständlich und schmerzhaft; die
Anwendung von Salzwasserklystieren (s. o.) ist daher sicher
vorzuziehen.

Die subkutane Injektion kleiner Wassermengen ist neuerdings durch Schleich zu einem praktisch wertvollen Verfahren ausgebildet worden. Derselbe fand, dass reines Wasser (oder eine beliebige ganz dünne Arzneilösung), subkutan injiziert, die damit aufgeschwemmten Gewebe gefühllos mache, während 0,6 % Kochsalzlösung als indifferentes Medium die Nervenleitung intakt lässt. Hierauf basiert erstens die Schleichsche Methode der objektiven Diagnostik des Schmerzes, bezw. der Entlarvung simulierter Schmerzen. Durch abwechselndes Einspritzen der äusserlich nicht unterscheidbaren beiden Reagentien (reines Wasser und Kochsalzlösung) gelingt es leicht, zu ermitteln, ob die Angaben des Patienten auf Wahrheit beruhen, oder ob sich Widersprüche herausstellen. Zweitens ergiebt sich hieraus die Möglichkeit, zirkumskripte Schmerzen durch subkutane Injektion reinen Wassers (oder einer ganz schwachen Kokaïnlösung 1 ‰) vorübergehend zu beseitigen. Drittens hat Schleich hierauf eine neue sehr wirksame Methode der Lokalanästhesie bei Operationen begründet.*) Durch Injektionen einer 0.002 % Kokaïnlösung in die Haut, die in der Richtung des anzulegenden Schnittes eine neben der anderen gemacht werden, wird zunächst der Hautschnitt unempfindlich gestaltet, darauf wird in das Unterhautgewebe injiziert u. s. f., und somit Schritt für Schritt vor jedem neuen Operationsakte eine absolute Anästhesie hergestellt. Es sind auf diese Weise die eingreifendsten Operationen ohne allgemeine Narkose vollkommen schmerzlos ausgeführt worden. Alles Nähere ist aus dem Schleichschen Werke zu ersehen.

---

*) Vgl. Schleich, Dr. C. L., Schmerzlose Operationen. 1894.

Dritter Abschnitt.

Die hydriatrische Methodik.

A. Allgemeines.

Der vorige Abschnitt hat uns die grosse Zahl der hydriatrischen Prozeduren kennen gelehrt und hat gezeigt, dass jede derselben ihren genau begrenzten Wirkungskreis besitzt und bestimmte Indikationen erfüllt, dass aber ein und derselbe Wirkungskreis vielen Prozeduren mehr oder weniger gemeinsam ist, dass die nämliche Indikation durch die verschiedenartigsten Eingriffe erfüllt werden kann — nur mit verschiedener Intensität und verschieden starkem Hervortreten gewisser Nebenwirkungen. So lässt sich beispielsweise die Herabsetzung der fieberhaften Körpertemperatur ebensowohl durch kühle Halbbäder, Regenbäder, als durch Einpackungen, Abwaschungen u. s. w. bewirken, nur dass die eine Prozedur mehr Wärme entzieht als die andere, die eine gleichzeitig einen kräftigen Einfluss auf die Herzkraft und die Atmungstiefe ausübt, der bei der andern nicht in demselben Masse zur Geltung kommt, die eine eine grössere Reaktionskraft des zu behandelnden Individuums voraussetzt als die andere. Wenn wir nun eine Anzahl derartiger therapeutischer Prinzipien, wie Wärmeentziehung, Tonisierung, Antiphlogistik, Stoffwechselbeschleunigung u. s. f., an die Spitze stellen und die einzelnen Prozeduren unter diese Rubriken einordnen, wobei wir natürlich sehr oft eine und dieselbe Prozedur mehrmals rubrizieren müssen, so gelangen wir zu einer Übersicht der rationellen hydriatrischen Methodik, welche es uns ermöglicht, zu einem bestimmten therapeutischen Zwecke, z. B. zur Antipyrese, zur Antiphlogose u. s. w., je nach der vorhandenen Reaktionskraft, der gewünschten Intensität der Wirkung, der gleich-

zeitigen Bezweckung irgend welcher anderen Wirkungen — mit
einem Worte, individualisierend die geeigneten Prozeduren
auszuwählen und sie in der mannigfachsten Weise zu kombinieren. Das Hauptaugenmerk wird dabei, sobald es sich
um Kälteanwendungen handelt, auf den Eintritt einer prompten
Reaktion, für die wir in der Wiedererwärmung das sicherste
Zeichen besitzen, zu richten sein. Hierfür haben wir uns zu
erinnern, dass, wie dies schon mehrfach hervorgehoben wurde,
die Reaktion um so stärker ausfällt, je stärker, plötzlicher
und rascher die Wärmeentziehung, und je wärmer der Körper
vor der Prozedur war, und dass sie gesteigert werden kann
durch Wärmezufuhr vor der Abkühlung, durch mechanische
Eingriffe (Frottieren) während und durch Muskelaktion und
innerliche Anwendung von Reizmitteln (Alkoholika) nach der
Prozedur. Wir werden immer eine prompte und kräftige
Reaktion zu erzielen trachten und nur da, wo die länger
dauernde Wärmeentziehung der Hauptzweck des Eingriffes
ist, die Reaktion zu verlangsamen und zu mildern suchen,
stets aber eine verspätete exzessive (fieberähnliche) oder eine
unvollkommene (kollapsartige) Reaktion vermeiden, wie sie
nach exzessiven Abkühlungen, nach ungenügender Vorbereitung,
überhaupt bei Vernachlässigung der individuellen Widerstandsfähigkeit vorkommt.

Die am häufigsten angewandten hydriatrischen Methoden
sind folgende:

1. Die antikongestive Methode bei lokalen Hyperämieen durch Traumen, Verbrennungen, chemische Reize, infolge allgemeiner Zirkulationsstörungen (bei Herzfehlern u. dgl.),
im Beginne von Entzündungen — besteht im wesentlichen
darin, dass die hyperämische Stelle dauernd kühl gehalten,
und zugleich zentral von ihr ein energischer Kontraktionsreiz
auf das zuführende Gefässgebiet ausgeübt wird. Ersteres erreichen wir durch einen kalten Umschlag, der in Kontakt
mit einem Kühlapparate (Kühlkappe, Kühlschlauch u. dgl.)
gesetzt wird, oder durch einen Longettenverband mit zeit-
weisem Nachträufeln von kaltem Wasser, letzteres durch
einen zentral an der hyperämischen Partie applizierten Eisbeutel, ein Eiskataplasma u. s. w. Wir können aber noch
in anderer Weise auf die lokale Hyperämie einwirken, nämlich
durch einen thermischen Reflexreiz (revulsives Verfahren),
indem wir auf gewisse periphere sensible Nervenendigungen,
die mit der hyperämischen Partie in Reflexbeziehungen stehen,
einen Kältereiz anwenden, z. B. kalte Fussbäder bei Kopf-
hyperämieen, kalte Handbäder bei Brustaffektionen;

durch direkte Blutableitung (derivierendes Verfahren), indem wir das Blut eines hyperämischen Organes nach der Haut ableiten durch kalte Abreibungen, feuchte Einpackungen, Dampfbäder, Dunstumschläge; oder in speziellen Fällen nach der Darmschleimhaut durch Anregung ihrer Sekretion vermittels tonisierender Klystiere;

durch Erniedrigung der Temperatur des gesamten Blutes, womit dann auch eine Beseitigung der lokalen Hitze erreicht wird, mittels allgemeiner Wärmeentziehungen (Einpackungen, Stammumschläge, Halbbäder, s. u.).

2. Die antiphlogistische Methode fällt für die Anfangsstadien der Entzündung mit der antikongestiven zusammen; es gilt daher auch hier das Prinzip, den erkrankten Teil selbst kühl, das zuführende Gefäss- und Nervengebiet kalt zu erhalten. Die zentral angewendete energische Kälte hemmt nicht nur die entzündliche Kongestion, sondern mässigt auch, durch Herabsetzung der Reizbarkeit der zuführenden Nerven, den Entzündungsschmerz. Handelt es sich um Entzündungen tiefliegender Organe, bei welchen man die zuführenden Gefässe nicht direkt treffen kann, so muss man durch energische Kälteanwendung über dem erkrankten Organe die Gewebe bis zum Bereiche derselben durchkühlen, ausserdem aber auch die übrigen Hilfsmittel der antikongestiven Methode zur Unterstützung heranziehen. Doch gilt dies nur für die allerersten Stadien der Entzündung; späterhin handelt es sich vielmehr darum, die erkrankte Gefässwand wieder zur Norm zurückzuführen und die Resorption der Entzündungsprodukte zu fördern; dies ist nur möglich durch Einleitung genügender Mengen von Blut, durch eine Kongestionierung der entzündeten Partie. Hierzu dient: die konstante Einwirkung des feuchtwarmen Dunstes der erregenden Umschläge, der für das kranke Organ »Treibhausverhältnisse« (Winternitz) schafft; die Hervorrufung von kollateraler Hyperämie und von Rückstauung durch thermische Reize, die eine Kontraktion einer grösseren Gefässregion bewirken; die Anregung gewisser Sekretionen (Schweiss, Harn). wodurch der Wasser- und Salzgehalt des Blutes alteriert und die Diffusionsvorgänge lebhaft gesteigert werden; endlich die Kräftigung der Herzaktion und des gesamten Organismus durch tonisierende Prozeduren (s. u.). Für manche Entzündungsformen ist erfahrungsgemäss diese kongestionierende Methode auch schon im ersten Anfange von Nutzen und vermag sogar manchmal koupierend zu wirken. Es sind dies die sogenannten Erkältungs- und rheumatischen Entzündungen

(Schnupfen, Kehlkopf- und Bronchialkatarrh, Influenza, akuter Muskelrheumatismus u. s. w.). Mag es sich hierbei um eine durch einen thermischen Reflexreiz (»Erkältung«) hervorgerufene lokale Anämie und hierdurch bedingte Ernährungsstörung der Gefässwände handeln, die durch die Kongestion rasch beseitigt wird, oder um die Invasion von Bakterien, die durch die beschleunigte Blutströmung in ihrer Weiterentwicklung gehemmt werden — jedenfalls ist es erwiesen, dass die genannten Prozesse nicht durch die antikongestive Methode, die Kälteapplikation, sondern durch die von vornherein angewandten strombeschleunigenden Prozeduren (z. B. Schwitzbäder) günstig beeinflusst und nicht selten koupiert werden.

3. Die antipyretische Methode hat die Aufgabe, die Exacerbationen des Fiebers zu unterdrücken und in der Zwischenzeit die Temperatur dauernd niederzuhalten. Kalte Waschungen von 6—8° R., Halbbäder von 16—22° R., kalte Lakenbäder, feuchte Einpackungen mit darauf folgenden Abreibungen und Halbbädern erfüllen den ersteren, Stammumschläge, regelmässig gewechselt, kalte Klystiere, kalte Getränke den letzteren Teil der Aufgabe. Für die ersteren Prozeduren ist zu merken, dass mit denselben durchaus die Fieberermässigung (wenn auch nicht gleich beim ersten Male) erreicht werden muss, und dass darnach Dauer und Intensität der Einwirkung zu bemessen ist. Die hydriatrische Antipyrese erniedrigt aber nicht nur die Temperatur, sondern sie beseitigt auch die Wasserretention (namentlich durch den gleichzeitigen innerlichen Gebrauch des Wassers und durch Klystiere) und wirkt tonisierend auf die Herzkraft, kollapsverhütend; ja sie vermag selbst bei eingetretenem Kollapse rettend zu wirken, nur sind dann schwache Wärmeentziehungen, aber mit hoher Reizwirkung und in Verbindung mit anderen Reizmitteln am Platze, also Begiessungen, Stammumschläge zugleich mit Erwärmung der Hände und Füsse durch trockene Frottage oder heisse Umschläge und mit innerlicher Darreichung von Alkoholicis. Neben der allgemeinen Wärmeentziehung ist natürlich auch die Beeinflussung der örtlichen Prozesse durch antikongestive und antiphlogistische Prozeduren von Wichtigkeit.

4. Die tonisierende Methode erstrebt die Aufbesserung einer darniederliegenden Ernährung, indem sie die Insuffizienz der hierbei thätigen Faktoren durch mehr oder minder kräftige Anregung ihrer Funktionen beseitigt. Dass wir die wichtigsten

dieser Faktoren, die Innervation und Zirkulation, durch hydriatrische Eingriffe nahezu willkürlich von der Haut aus be
herrschen können, haben wir schon auseinandergesetzt. Bei
der Vornahme dieser Eingriffe müssen wir uns aber des
wichtigen Grundgesetzes bewusst bleiben, dass die Reize der
Reizempfänglichkeit des Individuums anzupassen sind. Derselbe Reiz, der für ein robustes, in seiner Funktion gestörtes
Nervensystem eine milde Anregung bedeutet, kann für sehr
empfindliche Nerven (bei reizbarer Schwäche, Neurasthenie)
schon einen Überreiz darstellen, der die geschwächte Funktion
noch weiter lähmt, statt sie anzuregen. Andererseits ist der
Effekt auch nach dem Charakter der Prozedur zu bemessen:
Abreibungen reizen mehr als Abwaschungen. Mit Rücksicht
hierauf kann man eine mild tonisierende und eine intensiver
tonisierende Methode unterscheiden, womit der Anpassung
an die individuelle Empfänglichkeit immer noch ein bedeuten-
der Spielraum gegeben ist. Mild tonisierend sind: warme
Fichtennadelbäder, kalte Waschungen (8—12° R.) mit Wasser
(dem bei Nervenschwachen zur gleichzeitigen Anregung der
Geruchsnerven mitunter etwas Spirit. Lavand. oder Eau de
Cologne zugesetzt wird), mit Salzwasser (zuweilen auch Essigwasser); Abreibungen ohne Abklatschung, von milderen Temperaturen (24° R.) anfangend bis höchstens auf 15° R. herunter, event. mit Salzwasser; kühle Halbbäder (13—15° R.)
mit kräftiger Frottage und event. mit Übergiessungen: feuchte
Einpackungen von 12° R. und 15—20 Minuten Dauer mit
nachfolgendem kühlen Halbbade. Intensiv tonisierend wirken:
kalte Regendouchen, Strahldouchen, starke Abreibungen mit
Abklatschung, kalte Vollbäder, Fluss- und Seebäder.

5. Die stoffwechselbeschleunigende Methode bezweckt durch eine über das gewöhnliche Maass hinausgehende
Bethätigung der Oxydations-, Diffusions- und Sekretionsvor-
gänge (Vermehrung des Gasaustausches, der Haut-, Nieren-
und Darmsekretion, Alteration der Blutkonsistenz) Dyskrasieen
zu beseitigen, die Ausscheidung von Giften zu ermöglichen,
die Resorption von Exsudaten und Ödemen zu fördern, über-
mässigen Fettansatz zum Schwinden zu bringen u. s. w.
Hierzu dienen schweisstreibende Prozeduren für sich allein
oder in Verbindung mit energischen kalten, also Schwitzbäder
und Schwitzpackungen einerseits, kräftige Abreibungen, Strahldouchen, kalte Vollbäder andererseits. Daneben ist der innerliche Gebrauch des Wassers (Wassertrinken, Wechsel von
Durst und reichlichem Trinken, evakuierende, tonisierende
und diuretische Klystiere) oft von unterstützender Wirkung.

6. Das Gegenstück zu den beiden vorigen stellt die
mitigierende Methode dar. Dieselbe wirkt beruhigend
auf die erregte Nerventhätigkeit (Unruhe, Schmerz, Krampf)
und retardierend auf den krankhaft beschleunigten Stoffwechsel (konsumierende Prozesse, Abmagerung) ein durch
prolongierte warme Bäder, laue Waschungen (14—16 ° R.),
laue Halbbäder (16—25 ° R.) für sich allein oder nach einer
Einpackung mit temperiertem Wasser (18 ° R, eine halbe
Stunde Dauer), feuchtkalte Leibbinden und sonstige häufig
gewechselte kalte Umschläge. Alle extremen Temperaturen,
alle flüchtigen Reize sind hier durchaus zu meiden, die
mechanischen Einwirkungen auf das Mindestmass zu beschränken.

Wir haben die wichtigsten hydriatrischen Methoden zu-
sammengestellt und wollen nun ihre spezielle Durchführung
an den von dem Praktiker am häufigsten gesehenen Krank-
heitstypen zur Darstellung bringen. Dabei wird sich auch
Gelegenheit finden, noch manche andere für bestimmte Zwecke
erdachte Kombinationen hydriatrischer Eingriffe zu besprechen,
welche sich empirisch bewährt haben, ohne sich a priori aus
der allgemeinen Methodik mit zwingender Notwendigkeit ableiten zu lassen. Die folgenden therapeutischen Notizen berücksichtigen, der Bestimmung dieses Buches entsprechend, natürlich nur die hydriatrische Seite der Therapie; alle übrigen
Heilmethoden werden als bekannt vorausgesetzt und daher
nicht weiter erwähnt. Dass die letzteren mit der Hydrotherapie in verschiedener Weise, je nach dem Falle, als
neben-, unter- und übergeordnete Faktoren zu kombinieren
sind, nicht selten sie auch ganz ersetzen können, ist selbstverständlich. Es sei dies von vornherein hier betont, um
nicht später in jedem einzelnen Falle darauf zurückkommen
zu müssen.

B. Spezieller Teil.

1. Die Infektionskrankheiten.

Bei den Infektionskrankheiten handelt es sich — neben
verschiedenen anderen, besonders lokalen Wasserprozeduren,
die durch die Natur der Krankheit und des Einzelfalles geboten sind (s. u.) — vor allem darum, die antipyretische
Wasserheilmethode zur Anwendung zu bringen. Dieselbe hat
vor der viel bequemeren medikamentösen Antipyrese den un-
endlichen Vorzug, dass sie nicht, wie es leider bei dieser der

Fall ist, das ohnehin stark in Anspruch genommene Herz
schwächt und den Magen angreift. Im Gegenteil ist es
gerade die Stärkung der Herzkraft, die Tonisierung des gesamten Nervensystems, die Belebung des Sensoriums, die
Vertiefung der Respiration u. a., mit einem Worte die Bekämpfung der durch die Bakterieninvasion gesetzten toxischen
Einwirkungen, welche die antipyretische Wasserheilmethode
für die Behandlung der Infektionskrankheiten so wertvoll
macht und ihr geradezu die Bedeutung einer antitoxischen
Therapie verleiht. Ihre Indikation richtet sich daher auch
keineswegs allein nach der Höhe des Fiebers, sondern mehr noch
nach dem Allgemeinzustande, nach dem Grade der durch die
Intoxikation bedingten Veränderungen. Da dies Verhalten
sich am besten am Unterleibstyphus mit seiner mehrwöchigen
febris continua und den so ausgesprochenen Symptomen der
Bakterienintoxikation demonstrieren lässt, so stellen wir dessen
eingehendere Besprechung obenan und behandeln die Anwendungen bei den übrigen Infektionskrankheiten nur soweit,
als sie Abweichungen von diesem Vorbilde darbieten.

a. Der Unterleibstyphus.

Die hervorstechendsten Symptome des Typhus, die unmittelbar und mittelbar auf die Intoxikation durch den
Typhusbazillus zurückzuführen sind, bestehen in anhaltendem
Fieber, geschwächter Herzkraft, die zu Kollaps, ja zu plötzlicher Asystolie Anlass geben kann und Stasen in den verschiedensten Organen, vor allem Lungenhypostase und Hirn-
ödem, zur Folge hat, in verminderter Diurese (Nierenstase),
schlechter Ernährung der Haut (Trockenheit, Neigung zu
Dekubitus) und in der charakteristischen Trübung des Be-
wusstseins. Alle diese Erscheinungen können durch die
hydriatrische Antipyrese verhütet bezw. beseitigt werden.
Am wirksamsten haben sich gerade für den Typhus die
kühlen Halbbäder in Verbindung mit kalten Begiessungen
gezeigt. Nach dem Vorgange von Ziemssen beginnt man mit
einer Badetemperatur von 25° R. und kühlt das Bad durch
langsames Nachgiessen von kaltem Wasser bis auf 20° R.
ab. In diesem allmählich abgekühlten Bade bleibt der
Kranke eine halbe Stunde und wird darin fortwährend
frottiert. Sehr schwache Kranke müssen in der Wanne auf
einer Badestütze schwebend erhalten werden; auch ist bei
Gefahr des Kollapses vor, während und nach dem Bade
etwas Wein zu reichen. Nach Beendigung des Bades wird
der Kranke in ein auf dem Bette bereit liegendes Leintuch

eingeschlagen und nur ganz flüchtig abgetrocknet. Eine halbe Stunde später misst man die Temperatur im Mastdarme, die um mindestens 1° C. heruntergegangen sein muss. Ist dies nicht der Fall, so giebt man noch einen kalten Stammumschlag oder eine kalte Abwaschung. Mehr als fünf Bäder brauchen am Tage nicht verabreicht zu werden; des Nachts wird nur bei sehr hohem Fieber oder sonstigen schweren Erscheinungen gebadet. Auch am Tage soll der Kranke niemals aus dem Schlafe zum Bade geweckt werden. Die niedrigste Grenze der Fieberhöhe, bei welcher die Bäder indiziert sind, allgemein anzugeben ist nicht thunlich; oft bezeichnet man als solche 39,5° C., es ist jedoch ausdrücklich zu betonen, dass nur excessives Fieber (über 40,5° C.) eine absolute Indikation zur Bäderbehandlung giebt, dass aber im übrigen hauptsächlich der Zustand des Nervensystems und der Respirationsorgane den massgebenden Ausschlag liefert. Sind trotz höheren Fiebers keine gefahrdrohenden Allgemeinerscheinungen vorhanden, so braucht auch nicht gebadet zu werden, während andererseits selbst bei normaler Körpertemperatur die Bäder (in diesem Falle etwas wärmere) indiziert sind, sobald schwere Lungen- und Gehirnsymptome bestehen. Der Hauptwert ist dabei auf den mechanischen Effekt der Frottage und der Übergiessungen zu legen, wodurch tiefe Respirationen ausgelöst werden, die dem Eintritte der Lungenhypostase vorbeugen, oder bei schon bestehender Bronchitis u. dgl. die Expektoration gefördert wird, und wodurch das gesamte Nervensystem eine kräftige Anregung erhält, somit das Sensorium freier wird, die Apathie schwindet, die Nahrungsaufnahme leichter erfolgt u. s. w. Nicht zu unterschätzen ist auch die diuretische Wirkung der Bäder, die allerdings durch ausgiebigen innerlichen Gebrauch des Wassers (auch in Form von Eiweisswasser, Limonade, Milch) noch erheblich gesteigert werden muss. Endlich ist die Verbesserung der Hauternährung, die Verhütung des Dekubitus und der Furunkulose ein unschätzbarer Vorteil der Bäderbehandlung. Gegenüber diesen Vorzügen der Bäder (in Verbindung mit Stammumschlägen und innerlicher Wasseranwendung) treten die übrigen Prozeduren der hydriatischen Antipyrese ganz in den Hintergrund. Zu berücksichtigen sind nur die kalten Einpackungen, die überall da, wo die Bäderbehandlung aus praktischen Gründen nicht durchführbar ist, für dieselbe eintreten müssen. Ausserdem ersetzen sie die Bäder in den Fällen, wo die letzteren absolut kontraindiziert sind, nämlich bei allen, wenn auch

noch so geringen Darmblutungen und den leisesten Anzeichen
von beginnender Peritonitis. Dass in diesen Fällen kalte
Stammumschläge und der Eisbeutel von grossem Nutzen sind,
ist bekannt. Die Behandlung mit antipyretischen Klystieren
und mit Hypodermoklyse hat sich noch nicht allgemein eingebürgert; gelegentlich kann sie sicher mit Nutzen verwendet werden.

Eine wichtige Frage ist noch die, wann man mit der
Antipyrese beim Typhus beginnen soll. Praktische und
wissenschaftliche Gründe sprechen dafür, das Fieber in den
ersten Tagen ungestört zu lassen. Einesteils erfordert dies
die Rücksicht auf die ungestörte Beobachtung und die
Sicherung der Diagnose, andernteils darf man wohl an-
nehmen, dass das Fieber eine Art von Abwehrmassregel des
Organismus gegen die Bakterienansiedlung darstellt, die in
der That manchmal zum Ziele führt: Beweis die nicht seltenen
Fälle von Abortivtyphus. Schon aus diesem Grunde wird
man im Anfange dem Körper einige Tage Zeit zur eventuellen
Unterdrückung des Feindes geben und sich auf kalte Kopfumschläge zum Schutze des Gehirns vor Überhitzung beschränken, wie man ja auch weiterhin immer wieder Pausen
in der Antipyrese eintreten lässt, um den Körper eines seiner
wichtigsten Kampfmittel nicht ganz zu berauben. Gegen das
Ende der Krankheit werden die Bäder an Zahl natürlich
erheblich beschränkt, aber immer so lange fortgesetzt, als
noch irgend welche Zeichen von Lungenhypostase oder be-
nommenes Sensorium bestehen.

Von sonstigen Einzelheiten der Bäderbehandlung sei noch
erwähnt, dass die kühlen Bäder mitunter modifiziert und in
protrahierte lauwarme Bäder (von 28° R.) umgewandelt
werden müssen (Riess). Dies ist angezeigt bei komplizieren-
der Otitis media, Nephritis, schwerer Larynxaffektion, ferner
bei grosser Schwäche und Empfindlichkeit, bei Neigung zu
rheumatoiden Schmerzen. Nicht unerwähnt darf auch bleiben,
dass die Bäder — richtiger wohl die damit verbundenen
Frottierungen — manchmal die Entstehung von Furunkeln begünstigen sollen. In solchen Fällen wird man die Frottage
weglassen, event. auch nur Einpackungen vornehmen oder
selbst zu der medikamentösen Antipyrese greifen müssen.
Dass überhaupt die Anwendung chemischer Fiebermittel sich
mit der Wasserbehandlung sehr wohl kombinieren lässt, sei
hier nur angedeutet; näheres über die erstere, sowie über die
sonstige arzneiliche und diätetische Therapie des Typhus ist
aus den klinischen Lehrbüchern zu entnehmen.

6*

An den Unterleibstyphus können wir gleich einige Bemerkungen über die klinisch, wenn auch nicht ätiologisch, mit ihm verwandten Formen des exanthematischen Typhus und der Febris recurrens anschliessen. Auf den ersteren ist das vom Typhus Gesagte einfach wörtlich zu übertragen und nur wegen der bei ihm so ausserordentlich starken nervösen Erscheinungen und Lungenhypostasen die hohe Bedeutung der Übergiessungen (event. mit Eiswasser) besonders zu betonen. Hingegen wird man für den Rückfallstyphus mit seinem typischen Verlaufe, der sich doch nicht wesentlich beeinflussen lässt, bei der kurzen Dauer der Fieberstadien und wegen der heftigen Muskelschmerzen von jeder eingreifenden Wasserbehandlung absehen und nur kühle Abwaschungen bei ruhiger Bettlage während der Fieberhöhe vornehmen.

b. Die akuten Exantheme.

Die Behandlung des Scharlachs giebt zur Anwendung einer ganzen Reihe von Wasserprozeduren Anlass. Für den allerersten Beginn (Initialstadium und erste Andeutung des Exanthems) empfiehlt sich ein lauwarmes Seifenbad (27° R.) oder bei kräftigen älteren Kindern eine zweistündlich wiederholte kalte Einpackung zur Beschleunigung der Eruption und zur Herbeiführung eines üppigen Ausschlages, wodurch der Gesamtverlauf der Krankheit gemildert zu werden scheint. Während des Blütestadiums kommt die hydriatische Antipyrese zu ihrem Rechte, deren Indikation und Ausführung sich ganz wie beim Typhus gestaltet, d. h. kühle Halbbäder, bei stärkeren Nervenstörungen und schlechter Atmung mit kalten Übergiessungen verbunden. Die Scharlachnephritis erfordert ein diaphoretisches Verfahren (warme Bäder mit nachfolgenden trockenen Packungen) wie jede andere Nephritis, worüber weiter unten zu vergleichen. Stärkere Drüsenschwellungen am Halse werden am besten mit warmen Breiumschlägen behandelt. Zu bemerken ist schliesslich noch, dass die skarlatinösen Gelenkentzündungen keine Kontraindikation der kühlen Bäder geben.

Auch bei den Masern ist während des Initialstadiums das lauwarme Seifenbad ein zweckmässiges Mittel, um den Ausschlag zu befördern und zugleich die Temperatur etwas zu erniedrigen. Eine besondere Antipyrese ist nicht notwendig; dagegen sind zur Behandlung des Bronchialkatarrhs und zur Verhütung schwererer Lungenkomplikationen laue Bäder von 26° R., drei- bis fünfmal täglich wiederholt, mit kalten Begiessungen des Rückens zu verabreichen. Daneben ist die Einatmung warmer Wasserdämpfe (bezw. Kochsalzdämpfe) ein erfolgreiches Hilfsmittel zur Lösung des Schleimes. Weniger wirksam als die Bäder und nur in leichten Fällen anwendbar sind erregende Brust- und Stammumschläge, entweder nur früh und abends zu wechseln oder, wenn Fieber besteht, als kalte Umschläge zwei- bis dreistündlich erneuert.

Die Röteln und die Windpocken erfordern ausser einer gelegentlichen kühlen Abwaschung am Abend und einigen kalten Kopfumschlägen keine weitere Behandlung.

Auch in der Therapie der echten Pocken spielen die kühlen Bäder die Hauptrolle; dieselben sind während des ganzen Verlaufes der Krankheit indiziert. Bei sehr reichlicher Eruption und dadurch bedingten starken subjektiven Beschwerden dienen nach Hebra am besten permanente warme Bäder zur Linderung. Einpackungen sind nicht am Platze, da sie die Eruption der Pusteln vermehren, deren jede einzelne dem Kranken neue Qual und Gefahr bringt.

Beim Erysipel sind kalte Kopfumschläge (mit Eisblase) und, wenn hohes Fieber besteht, kühle Bäder, zwei- bis dreimal täglich, zu verordnen. Lokal können kalte Umschläge (Longettenverbände) versucht werden; dieselben sind sicher rationell und keinesfalls unwirksamer als die zahllosen übrigen gegen die Rose empfohlenen Mittel.

c. Die Diphtherie.

Die beiden wichtigsten Gesichtspunkte für die Behandlung dieser Krankheit sind: energische Einwirkung auf die lokale Entzündung und möglichste Aufrechterhaltung der Herzkraft. Ersterer Zweck wird erreicht durch kontinuierliche Anwendung der Kälte von innen und aussen, also durch kalte Halsumschläge — oft recht zweckmässig in Form der funda capitis — in Verbindung mit Eisbeuteln, durch Verschlucken kleiner Eisstückchen und durch Aufsaugen von Eiswasser aus einer Glasröhre. In manchen Fällen werden hierdurch zweifellos Erfolge erzielt. Andererseits lässt sich nicht leugnen, dass vielfach die mildere Behandlung mit erregenden Halsumschlägen besser vertragen wird und ebenfalls auf rationeller Grundlage beruht: durch die Beschleunigung der Zirkulation wird frisches bakterienfeindliches Blut in die erkrankten Teile geleitet und so die Weiterentwicklung der Krankheitserreger gehemmt. Der zweiten wichtigen Indikation, der Belebung der Herzthätigkeit, genügen wir durch täglich zwei- bis dreimal gegebene kalte Einpackungen von einer Stunde Dauer, wodurch die erhöhte Temperatur sinkt, der Puls langsamer und voller wird, und bei grösserer Schwäche durch laue Bäder mit kalten Rückenbegiessungen. Neben dieser symptomatischen Behandlung wird von mancher Seite der indicatio morbi durch Schwitzpackungen (mehrstündige feuchte Einpackungen) zu entsprechen gesucht. Dieselben sollen das Blut eindicken und es dadurch befähigen den Diphteriebazillen grösseren Widerstand entgegenzusetzen — oder es sollen, was mit Rücksicht auf die Entdeckungen von Brunner plausibler scheint, mit dem Schweisse Bakterien und Toxine ausgeschieden werden. Zu allgemeiner Anerkennung ist das Verfahren nicht gelangt.

In ein neues Stadium ist die Diphtheriebehandlung durch die Anwendung des Behringschen Heilserums getreten. Den praktischen Wert der neuen Heilmethode zu beurteilen ist hier nicht der Ort; dagegen muss hervorgehoben werden, was auch vom Erfinder selbst geschehen ist, dass durch dieselbe die symptomatische Behandlung der Diphtherie keinesfalls überflüssig gemacht wird.

d. Die Dysenterie.

Die Prinzipien der Arzneibehandlung der Ruhr, welche darauf abzielen, erst den Dickdarm von reizenden, bakterienhaltigen Massen zu reinigen und darnach den etwa noch bestehenden Reizzustand des Darmes und Tenesmus zu beseitigen, können ebensowohl durch die Hydrotherapie zum Ausdruck gebracht werden. Irrigationen des Dickdarms mit 0,6 % Kochsalzlösung, darnach dreimal täglich ein warmes Sitzbad von 32° R. mit nachfolgender kräftiger nasskalter Frottage des Unterleibs erfüllen die beiden genannten Indikationen. Meist wird allerdings die medikamentöse Behandlung wegen ihrer grösseren Bequemlichkeit für den angegriffenen Kranken vorgezogen. Hingegen sind bei der chronischen Ruhr die längere Zeit fortgesetzten Irrigationen des Rektums (oft mit dem vielleicht überflüssigen Zusatze von Adstringentien oder Desinfizientien) allgemein eingebürgert.

e. Die Cholera.

Gegen die Cholera giebt es zwar kein Heilmittel, aber zahllose Behandlungsweisen, und von diesen sind die hydriatrischen sicherlich nicht die schlechtesten und unwirksamsten. Wir sprechen in der Mehrzahl, denn auch die Hydriater haben auf den verschiedensten Wegen dem so gefürchteten Feinde beizukommen gesucht. Aber alle die mannigfaltigen Versuche, die man in dieser Hinsicht angestellt hat, gipfeln in dem einen Bestreben, die reaktive Entwicklung der natürlichen Wärme des Körpers durch Kaltwasserprozeduren zu fördern, während die direkte Wärmezufuhr durch allgemeine äussere Applikationen (z. B. Dampfbäder) sich bei Cholerakranken stets als subjektiv unangenehm, selbst schädlich erwiesen hat. So empfiehlt Caspar reichliche Übergiessungen mit Eiswasser in der leeren Wanne oder im lauen Halbbade (27° R.) mit gleichzeitiger horizontaler Douche gegen die Brust, ferner kalte Kopfumschläge, kalte Klystiere und innerlich kaltes Wasser, Eis und kaltes Bier; nur die Füsse werden durch heisse Umschläge warm gehalten. Günther lässt kalte Waschungen mit Eiswasser und Friktionen der Haut mit Eisstückchen machen so lange, bis der Körper sich erwärmt, darnach Einpacken in angewärmte wollene Tücher. Wagner lobt kalte Begiessungen des Unterleibes mit nachfolgender nasskalter Abreibung. Während sich die äussere Applikation der Wärme keine Anerkennung erworben hat, ist die innere Wärmezufuhr in Gestalt der heissen Enteroklyse nach Cantani und der Hypodermoklyse nach Samuel in neuerer Zeit sehr beliebt geworden und hat sich zur Anregung der Herzkraft in manchen verzweifelten Fällen sehr wirksam gezeigt.

e. Die Malaria.

Hier, wo wir in der glücklichen Lage sind ein spezifisches Heilmittel zu besitzen, dürfte die Wasserbehandlung überflüssig erscheinen. Da es aber doch ältere Fälle giebt, wo das Chinin versagt, so sind die Mitteilungen von Fodor immerhin beachtenswert. wonach ein kühles Bad (Nachts ein kaltes Sitzbad), $\frac{1}{2}$—1 Stunde vor dem zu erwartenden Anfalle genommen, und ausserdem tagsüber die Applikation von ein bis zwei Fächerdouchen auf die Milzgegend die Anfälle in prompter Weise koupierten. Die Malariakachexie ist nach der stoffwechselbeschleunigenden Methode zu behandeln.

f. Die epidemische Genickstarre.

Die Hauptsache ist hierbei die Applikation des Eiskataplasmas unter Kopf und Nacken (event. auch des Leiterschen Kühlschlauches) und womöglich noch der Chapmanschen Eisbeutel längs der Wirbelsäule. Mit Bädern ist bei den

allgemeinen Schmerzen und der Hyperästhesie der Kranken
während der akuteren Stadien nichts auszurichten. In der
späteren Zeit der Krankheit können warme Bäder und Dunst-
einpackungen von Nutzen sein.

g. Die septisch-pyämischen Erkrankungen

mit unbekannter Infektionsquelle geben bei der üblichen Be-
handlungsweise bekanntlich eine überaus traurige Prognose;
um so mehr ist es Pflicht, ein hydriatrisches Verfahren zur
Anwendung zu bringen, das seit Alters im Volke sich empirisch bewährt, neuerdings aber auch wissenschaftliche Be-
gründung erfahren hat, nämlich die Schwitzmethode. Da nach
den Untersuchungen von Brunner und Eisenberg mit dem
Schweisse Pyämischer massenhaft Kokken ausgeschieden werden, so ist es sicher rationell, durch eine methodische Schwitz-
kur diese Ausscheidung zu befördern und so vielleicht die
causa morbi selbst zu beseitigen. Deutliche Besserung durch
ein solches Verfahren — wozu als bequemstes und gleichzeitig gegen das Fieber wirksames Mittel am besten die mehrstündige feuchte Einpackung dient — wird oft zu beobachten
sein, ein vollständiger Erfolg kann in keinem Falle garantiert
werden; jedenfalls ist bei der im übrigen absolut infausten
Prognose der Septikopyämie kein Risiko damit verbunden.

2. Die Krankheiten der Respirations- und Zirkulationsorgane.

a. Nasenkrankheiten.

Dass der akute Schnupfen mit seinen mitunter recht
schweren Allgemeinerscheinungen durch eine schweisstreibende
Prozedur im Anfange oft koupiert werden kann, ist eine alte
Erfahrung. Meist giebt man zu diesem Zwecke ein Dampfbad
oder bei höherem Fieber noch besser eine mehrstündige feuchtkalte Einpackung mit nachfolgender kühler Abwaschung. Ist
einmal stärkere Sekretion im Gange, so sind allgemeine Prozeduren nicht mehr am Platze. Bei eingetrocknetem Sekrete
erweist sich die Einatmung heisser Wasserdämpfe zur Erweichung der Borken oft nützlich; sie kann allerdings auch
die bestehende Schleimhautschwellung vermehren.

Beim chronischen Nasenkatarrh spielt die Nasendouche,
zwar nicht als Heilmittel, aber zur Reinigung der Nase von
Eiter, Borken u. s. w. eine grosse Rolle.

Epistaxis soll durch ein ganz kaltes oder ganz heisses
Bad der dem blutenden Nasenloche entgegengesetzten Hand
gestillt werden können; dabei ist jedoch zu erinnern, dass der

grösste Teil der Nasenblutungen bei absoluter Ruhe des Patienten auch ohne weiteres Zutbun von selbst bald zum Stehen kommt.

b. Die Krankheiten des Kehlkopfes und der Bronchieen.

Die Behandlung des akuten Kehlkopfkatarrbes mit erregenden Halsumschlägen (2—3 mal täglich) und mit Einatmungen warmer Wasserdämpfe, event. unter Zusatz von Kochsalz oder Natr. bicarb. (wobei der ungespannte Dampf vor dem Gebrauche des Inhalationsapparates bei weitem den Vorrang verdient) ist Gemeingut aller Ärzte — ebenso beim Pseudokroup die Anwendung heisser Halsumschläge und reichlichen heissen Getränkes. Auch der grosse Nutzen von täglichen kalten Waschungen des Halses und der Brust — bei Kindern besser noch des ganzen Körpers, um eine allmähliche Kongestionierung dieser Teile zu verhüten — zur Vorbeuge gegen häufig wiederkehrende Kehlkopfkatarrbe (und Anginen) »anfälliger« Personen ist allgemein anerkannt.

Der chronische Kehlkopfkatarrh ist wohl ausschliesslich Objekt der spezialistischen Behandlung, indes berichtet Krücbe von auffallender Besserung der Stimmlosigkeit in veralteten Fällen durch Kombinationen allgemeiner Wärmeprozeduren (Dampfbäder, Packungen u. s. w.) mit darauf folgenden kräftigen Nackendouchen.

Für den Katarrh der Trachea und der grossen Bronchieen genügt meist schon die Einatmung der Wasserdämpfe. Bei diffuserer Bronchitis empfiehlt sich ein diaphoretisches Verfahren, bestehend in feuchtkalten Einpackungen (von 2 Stunden Dauer, 1—2 mal täglich) mit folgender kalter Abwaschung. Gegen den quälenden Hustenreiz sind kräftige kalte Abreibungen des Rückens sehr wirksam. Besteht andauernd höheres Fieber, so giebt man täglich ein bis zwei Bäder von 26° R. und legt darauf eine Kreuzbinde an. Dieselben Grundsätze sind auch für die Behandlung der Influenza mit vorwiegenden Brusterscheinungen massgebend. Für die Kapillarbronchitis der Kinder haben wir in den blutwarmen Halbbädern (von 10 Minuten Dauer) verbunden mit kalten Rückenbegiessungen und gefolgt von kräftiger trockner Frottage des Rückens ein treffliches Mittel zur Erleichterung der Expektoration und zur Verhütung lobulärer Pneumonieen; für mildere Fälle genügen erregende Stammumschläge. Bei der Bronchiolitis der Greise ist das Hauptaugenmerk auf die Erhaltung der Herzkraft zu richten; kalte

Prozeduren sind hier zu meiden, warme Bäder mit Rücksicht auf die so häufige Arteriosklerose nur sehr vorsichtig anzuwenden; am zweckmässigsten sind bei Brustschmerzen heisse Umschläge, bei starker Atemnot kräftige nassheisse Abreibungen der Brust.

Auf die chronische Bronchitis lässt sich durch verschiedene Prozeduren lindernd, wenn nicht heilend, einwirken. Handelt es sich um den Catarrhe sec (Laennec), so sind neben den Wasserdampfeinatmungen heisse Handbäder von Nutzen. Für die ziemlich seltene seröse Bronchorrhoe (Schleimphthisis) werden unter hohem Druck stehende Stachelbrausen empfohlen. In den übrigen Fällen sind erregende Brustumschläge, namentlich gegen Schmerzen und Dyspnoe, indiziert. Ausserdem ist eine allmähliche und vorsichtige Abhärtung (durch kalte Waschungen der Brust, später des ganzen Körpers, kalte Abreibungen) bei allen leichteren Formen der chronischen Bronchitis anzustreben.

Beim Keuchhusten können häufige warme Bäder zur Herabsetzung der Reflexerregbarkeit und zur Verhütung von Bronchopneumonieen Anwendung finden. Krüche empfiehlt folgende Kur: erster Tag blutwarme Bäder von 10 Minuten Dauer mit kalter Rückenbegiessung, zweiter und dritter Tag nasskalte Frottage des Brustkorbes zweimal täglich — diesen Turnus 15 Tage fortgesetzt; die Anfälle sollen hierdurch wesentlich eingeschränkt werden.

Beim Bronchialasthma sind zur Herabsetzung der Reflexerregbarkeit auch von hydriatrischer Seite die verschiedensten Mittel versucht worden. Empfohlen sind heisse Hand- und Fussbäder, kalte Unterleibsbegiessungen (um die sympathischen Bauchganglien herabzustimmen) und zur Koupierung des Anfalles heisse nasse Frottage des gesamten Stammes.

c. Krankheiten der Lungen und der Pleura.

Das Emphysem erfordert verschiedene Massregeln, je nach dem Alter, in welchem es auftritt. Beim kindlichen Emphysem, welches sich nicht selten nach schwerem Keuchhusten und bei chronischer Bronchitis ausbildet, ist eine kräftige Tonisierung der Thoraxmuskulatur durch täglich abends vorgenommene nasskalte Frottage des Brustkorbes zu erstreben. Beim Emphysem des mittleren Lebensalters sind unter hohem Drucke stehende horizontale Douchen auf die unteren Lungenpartieen zu versuchen; dieselben vermögen vielleicht die verringerte Elastizität der Alveolen wieder zu heben. Ausserdem ist hierbei ein allgemein tonisierendes Verfahren angezeigt.

Das Emphysem der alten Leute ist keiner direkten Behandlung mehr zugänglich; das Augenmerk hat sich hier nur auf den begleitenden chronischen Bronchialkatarrh zu richten.

Atelektatische Zustände der Lunge und ebenso Lungenödem sind mit kalten Übergiessungen im lauen Bade zu behandeln; in beiden Fällen ist die hierdurch erzielte Besserung der Respiration das erwünschte Ziel. Beim Lungenödem kommen ausserdem heisse Brustumschläge als Reizmittel zur Anwendung.

Bei der katarrhalischen Pneumonie der Kinder sind gegen das hohe Fieber kalte Einpackungen (täglich 1—2 mal), bei ungenügender Atmung und stärkerer Benommenheit laue Bäder (24⁰—25⁰ R.) mit kalten Begiessungen (drei- bis viermal täglich, dazwischen kalte Stammumschläge) von vorzüglicher Wirkung. Die Bäder werden in schweren Fällen zuweilen als Senfbäder gegeben.

Die kroupöse Pneumonie bietet für die Wasserbehandlung ein sehr dankbares Feld. Zur Besserung der Respiration, zur Anregung des Allgemeinbefindens, zur Erhaltung der Herzkraft giebt es kein besseres Mittel als laue Bäder; dieselben wirken auch sehr gut schlafmachend. Gewöhnlich giebt man sie zu 24—25⁰ R., bei schwächlichen, empfindlichen Kranken wärmer, bei kräftigen und bei hohem Fieber mit schwereren Nervenerscheinungen kühler, bis zu 20⁰ R. herab. Mit 2—3 Bädern am Tage kommt man meist aus. Hauptsache ist dabei eine geschickte Badebedienung, um dem Kranken keine unnötigen Schmerzen zu verursachen; die Kranken müssen herein- und herausgehoben und im Bade gehalten werden (event. Badestütze). Bei leichten, gutartigen Fällen kann man von den Bädern absehen und sich, wie auch bei alten Leuten, mit kalten Waschungen begnügen. Zu erwähnen ist noch, dass die lauen Bäder in Verbindung mit kalten Übergiessungen oft sehr wertvoll für die Behandlung des Delirium tremens sind. Gegen die Seitenschmerzen wendet man die zugleich antipyretisch wirkenden Stammumschläge (zweistündlich gewechselt) an, mit denen man an der Stelle des Schmerzes zeitweilig noch eine Eisblase in Kontakt bringt. In manchen Fällen werden jedoch erregende Brustumschläge besser vertragen.

Auch bei der Pleuritis ist für den Anfang als schmerzstillendes Mittel und gegen das Fieber der kalte Stammumschlag in Verbindung mit der Eisblase indiziert. Sobald sich ein Exsudat gebildet hat, sind statt dessen erregende Brustumschläge (nur auf der kranken Seite appliziert) am

Platze. Verzögert sich die Resorption des Exsudates, so greift man zu Schwitzkuren in Verbindung mit kräftig reizenden Lokalprozeduren, z. B. dreimal wöchentlich ein Kastendampfbad, darnach trockne Packung und zum Schlusse eine kalte Douche auf die erkrankte Partie.

Bei der Lungentuberkulose können in den Anfangsstadien, so lange der Patient noch genügende Reaktionskraft besitzt, mit der Wasserbehandlung recht erfreuliche Resultate erzielt werden. Hierzu dient der erregende Brustumschlag namentlich in Form der Kreuzbinde, über Nacht angelegt, dem man am Morgen eine Stachelbrause auf die erkrankte Gegend folgen lässt; letztere kann in der Privatpraxis durch eine kräftige Begiessung mit der Giesskanne ersetzt werden. Der hochgesteigerte Stoffwechsel, den der blutwarme Dunst in Verbindung mit der nachfolgenden Kälteprozedur bewirkt, schafft frisches bakterienfeindliches Blut in die erkrankten Teile und bahnt die Rückbildung von Infiltraten an. Die Grundlage für diese Vorgänge ist natürlich eine allgemeine Kräftigung des Organismus durch tonisierende Prozeduren (Abwaschungen, Abreibungen, abendliche kühle Douchen — abgesehen von den sonstigen diätetischen Massnahmen), deren Wichtigkeit für die Behandlung der beginnenden Tuberkulose ebensowohl als für die Prophylaxe bei hereditär Belasteten ja von jeher betont worden ist. Daneben besitzen wir in der Einatmung des ungespannten Wasserdampfes ein geeignetes Mittel, um auch von der Bronchialschleimhaut aus auf die Infiltration einzuwirken und zugleich die Expektoration zu erleichtern. Bei Beteiligung des Darmkanals, des Peritoneums und der Unterleibslymphdrüsen wirken wir in analoger Weise durch die Applikation der erregenden Leibbinde ein. — Ist es einmal zur eitrigen Einschmelzung des Infiltrates gekommen, womit gewöhnlich auch die Reaktionskraft des Individuums beträchtlich abgenommen hat, so ist von einer methodischen Wasserkur nichts mehr zu erwarten. Wohl aber können in allen Stadien der Phthise verschiedene Wasserprozeduren symptomatisch mit Nutzen angewendet werden, so z. B. abendliche kühle Abwaschungen gegen das hektische Fieber und den lästigen Nachtschweiss, heisse Umschläge bei Brustschmerzen, kalte Stammumschläge und Kreuzbinden in Verbindung mit Eisbeuteln, sowie innerlicher Gebrauch des Eises bei Lungenblutungen u. s. w.

Auch die akute allgemeine Miliartuberkulose kann nur rein symptomatisch behandelt werden, bei typhösem Verlaufe nach den für den Typhus geltenden Vorschriften, bei vorherrschenden Brusterscheinungen mit Stammumschlägen, bei meningitischen Symptomen mit dem Eiskataplasma.

d. Die Krankheiten des Herzens.

Die akute Endokarditis erfordert die dauernde Applikation des Eisbeutels über dem nassen Umschlage. Allgemeine wärmeentziehende Prozeduren sind kontraindiziert, da absolute Ruhe die erste Bedingung ist; dafür können abwechselnd lokale Abkühlungen einzelner Körperteile (z. B. durch vorsichtig angelegte Leibumschläge, durch Kopfumschläge, durch leichte Waschungen) eintreten.

Ist der akute Prozess abgelaufen, handelt es sich also um den Herzklappenfehler, so kann durch ein mildtonisierendes Verfahren, bestehend in Halbbädern von 22° R. mit nasser Frottage des Oberkörpers im Bade. die Herzthätigkeit sehr wirksam gekräftigt werden, ja es können dadurch selbst beginnende Kompensationsstörungen eine erhebliche Besserung erfahren. Auch kalte Abreibungen sind oft von Nutzen.

Im weiteren Verlaufe finden Wasserprozeduren noch häufige symptomatische Verwendung. Vor allem verlangt das Herzklopfen immer wieder die Anwendung von Eis, wozu auch die Herzflaschen oft ganz geeignet sind; die Atemnot wird mit heissen Brustumschlägen und heissen Fussbädern bekämpft, der stenokardische Anfall mit Eisblase, Lungenödem nach den obigen Vorschriften behandelt.

Die nämliche symptomatische Behandlung gilt auch für die entsprechenden analogen Erscheinungen der übrigen Herzkrankheiten (Myocarditis, Fettherz, Herzneurosen u. s. w.).

Zu erinnern ist endlich. dass kalte Vollbäder, kräftige Douchen und Schwitzkuren bei Herzkranken kontraindiziert sind.

3. Die Krankheiten der Verdauungs- und Harnorgane.

a. Krankheiten des Digestionskanals.

Die Angina wird mit erregenden Halsumschlägen, lauen Salzwassergurgelungen und bei Beteiligung der hinteren Rachenwand mit Wasserdampfeinatmungen behandelt. Bei der parenchymatösen Angina kann im ersten Anfange Eis versucht werden, späterhin sind heisse Umschläge anzuwenden. Die so häufige Disposition zu Anginen ist mit kalten Waschungen des Halses und kalten Gurgelungen zu bekämpfen.

Von den Krankheiten des Magens ist nur die nervöse Dyspepsie einer direkten Wasserbehandlung zugänglich. Ein mildtonisierendes Verfahren (kalte Abreibungen, kühle

Halbbäder), nasskalte Frottage des Leibes, tonisierende Klystiere, über Nacht ein erregender Umschlag sind hierzu die
gebräuchlichsten Mittel. Doch wird auch die schottische Douche
auf die Magengrube empfohlen. Das hydriatrische Magen-
mittel nach Winternitz besteht in einem kalten Stamm-
umschlage, bei welchem zwischen das nasse und das trockene
Tuch in der Magengrube ein horizontal aufgerollter Kautschuk-
schlauch eingeschaltet ist, der von heissem Wasser (40° R.)
durchströmt wird.

Bei allen übrigen Magenkrankheiten finden hydriatrische
Prezeduren häufig symptomatische Verwendung. Obenan steht
die Magenausspülung, über deren diagnostischen und therapeutischen Wert die klinischen Lehrbücher zu vergleichen sind.
Vielgebraucht ist ausserdem der Neptunsgürtel, bei chronischen Magenkatarrhen, die mit Atonie einhergehen, als erregender Umschlag über Nacht angelegt und am Morgen von
einer kalten Abreibung der Magengegend gefolgt, bei akuten
Katarrhen auch am Tage appliziert und alle zwei Stunden
gewechselt. Besser noch wirken bei akuten Indigestionen
(Überfüllung des Magens mit Druckgefühl in demselben) oft
heisse Umschläge, deren Wirkung noch durch reichliches
Trinken von warmen Wasser oder Thee verstärkt wird; die
Wärme führt eine Erschlaffung der Pylorusmuskulatur herbei,
welche den Übertritt der Ingesta in den Darm erleichtert.
Jedem Arzte geläufig ist ferner die Anwendung der heissen
Umschläge bei Kardialgieen, wobei gleichzeitig innerlich oft
kaltes Getränk von Nutzen ist, des Eisbeutels (besser durch
kalte Stammumschläge zu ersetzen) und des Eisschluckens bei
Magenblutungen, sowie des Eisschluckens bei Brechreiz.

Beim akuten Darmkatarrh wird man sich meist auf
warme Umschläge gegen etwaige Schmerzen beschränken;
dagegen giebt der subakute und chronische Darmkatarrh zu
mannigfachen Wasseranwendungen Gelegenheit. Die Diarrhoe
wird durch kalte Sitzbäder (8—15° R., Dauer $\frac{1}{4}$—$\frac{1}{2}$ Stunde,
2—3mal täglich) bekämpft, denen man eine rasche kalte Ab-
reibung vorangehen und die Applikation einer erregenden
Leibbinde folgen lässt; hierdurch wird der Blutzufluss zum
Darm gemindert. Schwere Erkrankung des Dickdarms erfordert die Lokalbehandlung durch tägliche reinigende Irrigationen.
Abnorme Innervationsvorgänge, die einen chronischen Darmkatarrh vortäuschen, werden durch eine tonisierende Allgemeinbehandlung (Abreibungen, laue Halbbäder) geheilt. Dieselbe im Verein mit energisch tonisierenden Lokalprozeduren
(Unterleibsbegiessung, nasse Frottage des Unterleibes, auf-

steigende kalte Douche, schottische Douche) und reichlichem
Wassertrinken ist auch gegen die habituelle Obstipation
indiziert. Bei Darmkoliken sind heisse (namentlich trockene)
Umschläge und warme Sitzbäder von Nutzen.

Die Typhlitis und Perityphlitis wird allgemein im
Anfange mit Eis und grossen Wasserklystieren, späterhin mit
warmen Kataplasmen behandelt, die Peritonitis mit der
Eisblase über dem kalten Leibumschlage.

Bei Hämorrhoiden kommen erregende Leibbinden zur
Regulierung der Zirkulation in den Darmunterleibsgefässen,
prolongierte kalte Sitzbäder zur Anämisierung der Mastdarm-
schleimhaut und lokal kalte Umschläge, der Atzpergersche
Mastdarmkühler, die Hämorrhoidalbinde zur Anwendung.

b. Krankheiten der Leber.

Unter den Leberkrankheiten erfreut sich der katarrha-
lische Ikterus des Vorzuges einer meist rasch und sicher
wirkenden hydriatrischen Therapie, nämlich mit tonisierenden
Klystieren von 12° R. und 1 Liter Wasser (täglich einmal);
oft schon nach einigen Eingiessungen nimmt der Gehalt des
Harns an Gallenfarbstoff ab, die Stühle werden wieder galliger
gefärbt und das Allgemeinbefinden bessert sich. Auch bei
der kongestiven Hyperämie der Leber sind diese Klystiere
zweckmässig; gleichzeitig werden erregende Leibbinden, mitunter (bei akuten Beschwerden) auch kalte Umschläge angewandt. Dass Gallensteinkoliken durch heisse Umschläge
(Kataplasmen) ausserordentlich gemildert werden, ist bekannt.
Bei Schrumpfleber soll nach Krüche durch zwei- bis dreimal
wöchentlich wiederholte Schwitzprozeduren mitunter das Allgemeinbefinden gebessert und die Neigung zu Ödemen be-
hoben werden.

c. Die Krankheiten der Harnorgane.

Die Nierenkrankheiten, gleichviel auf welcher Ursache
sie basieren und welches anatomische Substrat ihnen zu Grunde
liegt, liefern der Hydrotherapie zwei Hauptangriffspunkte;
den Hydrops und die Urämie. Beide Symptome beruhen auf
der mangelhaften Ausscheidung von Harnwasser und festen
Harnbestandteilen durch die Nieren, und die Therapie sucht
deshalb die Thätigkeit desjenigen Organs, welches vor allem
vikariierend für die Nieren eintreten kann, der Haut, nach
Möglichkeit anzuregen, d. h. reichlichen Schweiss hervorzu-
rufen, wodurch das Manko der Nierensekretion wieder ausgeglichen wird. Die diaphoretische Methode ist nicht nur imstande den schon eingetretenen Hydrops u. s. w. zu beseitigen,

sondern sie kann auch, wenn sie von vornherein angewandt wird, alle die Folgeerscheinungen der Retention von Harnbestandteilen im Körper überhaupt verhüten. So früh wie möglich, sofort nach gestellter Diagnose, ist daher, falls keine Kontraindikationen bestehen (s. u.), mit Schwitzprozeduren zu beginnen. Als solche empfehlen sich am meisten heisse Bäder mit darauf folgenden trockenen Einpackungen; statt der heissen Bäder auch Kastendampfbäder oder Schwitzbetten. Die heissen Bäder giebt man nach Liebermeister mit einer Anfangstemperatur von 29° R. und erhöht dieselbe nach und nach durch Zugiessen von heissem Wasser bis auf 32° R. Die Dauer dieser allmählich erhitzten Bäder kann 20—30 Minuten betragen. Mitunter werden jedoch die Schwitzbäder und trocknen Packungen schlecht vertragen, namentlich wenn Dyspnoe und beginnende Herzschwäche besteht. Mit feuchten heissen Einwicklungen kommt man dann oft eher zum Ziele. Dieselben müssen die Schwitzbäder auch in den Fällen ersetzen, wo die letzteren aus äusseren Gründen nicht anwendbar sind. Bei sehr grosser Schwäche und starker Dyspnoe sind Schwitzkuren überhaupt kontraindiziert. Urämische Anfälle mit Somnolenz und Koma werden durch laue Bäder mit kalten Begiessungen sehr wirksam beeinflusst; in leichteren Fällen reichen oft diuretische Klystiere (200 gr Wasser von 12° R., zweistündlich wiederholt) aus, um die stockende Harnabsonderung wieder zu steigern und schlimmeren Erscheinungen vorzubeugen. In neuerer Zeit hat man auch Magenausspülungen und Darmirrigationen für die Behandlung der Nephritis, namentlich der subakuten und chronischen Formen, empfohlen. Man ging dabei von der Erwägung aus, dass die im Körper zurückgehaltenen Harnbestandteile auch durch den Verdauungstraktus ausgeschieden werden können, worauf ja die Erscheinungen des urämischen Erbrechens und der urämischen Durchfälle hinweisen. Indem man diesen Versuchen, welche der Organismus zu seiner Selbsthilfe unternimmt, durch die genannten Prozeduren, welche denselben Zweck in weit vollkommenerer Weise erfüllen, entgegenkommt, kann es gelingen, den Gefahren der Autointoxikation vom Darm aus vorzubeugen. Auch die Albuminurie soll durch Magenausspülungen auffallend verringert werden, was wohl durch den fördernden Einfluss der letzteren auf die Stickstoffassimilation eben infolge der Entfernung störender Fäulnissubstanzen bedingt ist.

Somit steht uns für die Behandlung der Nierenentzündung eine Anzahl erfolgreicher hydriatrischer Mittel zu Gebote, die freilich nur symptomatisch wirksam sind. Den verderblichen

Prozess der Nierenschrumpfung aufzuhalten vermag die Hydrotherapie sowenig als eine andere Methode. Die eitrige Nephritis ist einer hydriatrischen Behandlung überhaupt nicht zugänglich.

Die subakute Cystitis wird allgemein mit Blasenausspülungen von Blutwärme (täglich einmal) behandelt, zu welchen reines Wasser oder physiologische Kochsalzlösung die besten Dienste thun; bei der chronischen Cystitis wird die Temperatur zwei bis drei Grade niedriger genommen. Gegen schmerzhaften Tenesmus erweisen sich prolongierte warme Sitzbäder und warme Umschläge nützlich. Schwäche der Blasenmuskulatur (Inkontinenz, Nachträufeln) weicht einer tonisierenden Allgemeinbehandlung in Verbindung mit Lokalprozeduren (kalten Sitzbädern, Douchen auf die Blasengegend, Kühlsonde). Dasselbe gilt von der Enuresis nocturna.

Bei Prostatahypertrophie können im Anfange erregende Hämorrhoidalbinden, über Nacht angelegt, und täglich zweimal gegebene laue Sitzbäder von 26 ° R. und $\frac{1}{4}$ bis $\frac{1}{2}$ Stunde Dauer zur Linderung der Beschwerden und vielleicht zur Rückbildung versucht werden. Im den späteren Stadien kommt nur ein allgemein tonisierendes Verfahren zur Unterstützung der lokalen mechanischen Eingriffe in Betracht.

4. Die Krankheiten der Bewegungsorgane.

a. Der Gelenkrheumatismus.

Gegen den akuten Gelenkrheumatismus giebt es zwar ein arzneiliches Spezifikum, indes hat auch die Hydrotherapie sehr günstige Erfolge aufzuweisen und verdient wenigstens in den Fällen, wo die spezifische Behandlung im Stiche lässt, oder wo die unangenehmen Nebenwirkungen derselben sich allzusehr fühlbar machen, angewendet zu werden. Die hydriatrische Behandlung richtet sich gegen das Fieber, die Gelenkschwellungen und die Schmerzen. Von den antipyretischen Prozeduren sind alle diejenigen zu meiden, welche durch Bewegungen dem Kranken Schmerzen bereiten können, also die Bäder, die Abwaschungen und Abreibungen. Sehr brauchbar sind dagegen die feuchten Einpackungen, welche bequem, ohne dass der Kranke sich viel zu rühren braucht, angelegt und gewechselt werden können und den Vorteil haben, dass sie nicht nur im Anfange Wärme entziehen, sondern auch späterhin, indem sie sich erwärmen, die Gelenke mit einem Dunste umhüllen, der die Blutzirkulation in denselben mächtig steigert und damit einen Rückgang der Entzündung anbahnt, sowie gleichzeitig auch die Schmerzen günstig beeinflusst. Die feuchten Einpackungen, deren jede bis zum beginnenden Schweissausbruche liegen bleibt, genügen also für den Anfang allen drei genannten Indikationen. Späterhin, sobald die Schmerzhaftigkeit nachgelassen hat, können Abreibungen und Lakenbäder gegeben werden; ausserdem sind lokal Priessnitzsche Umschläge von Nutzen. Wenn sich die Gelenke gegen die Berührung der Kälte sehr empfindlich erweisen, so ist nach Drosdorf und Winternitz eine vorausgeschickte Faradisation derselben oft im Stande, die Überempfindlichkeit abzustumpfen und die Wasserapplikation zu ermöglichen. Keinesfalls aber sind warme Prozeduren (warme Bäder und Umschläge) während des akut entzündlichen Stadiums anzuwenden, da sie die Schmerzen meist noch verstärken. Erst bei den Rückständen der akuten Erkrankung können warme Prozeduren, besonders auch Dampfbäder, gegen die Steifigkeit der Gelenke von Nutzen sein.

Beim chronischen Gelenkrheumatismus ist zunächst die Verweichlichung der Haut, zu welcher gerade diese Kranken sehr häufig neigen, und die sie durch allzugrosse Vorsicht, durch übermässiges Warmhalten nähren, mittels tonisierender Prozeduren zu bekämpfen. Als solche empfehlen sich hier besonders kalte Abreibungen, Regendouchen und kühle Halbbäder, selbst kalte Vollbäder — stets mit Vorausschickung eines wärmestauenden Verfahrens, also einer feuchtwarmen Einpackung oder eines Dampfbades, und mit nachfolgender kräftiger Trockenfrottage. Zur Behandlung der erkrankten Gelenke selbst kommen nun allgemeine warme Bäder (event. die Wildbäder), Salzbäder, Fichtennadel-, Moor- und Kohlensäurebäder zur Anwendung. Auch Dampfbäder sind oft nützlich, dürfen aber nur in den früheren Stadien der Krankheit und bei kräftigen Personen gebraucht werden. Sehr wirksam sind ferner heisse Sandbäder, bei denen ausser der gleichmässigen Wärme auch die Kompression von Einfluss ist. Alle diese Bäder werden auch lokal als Teilbäder gebraucht; namentlich die lokalen Sandbäder für Hände und Füsse sind bequem auszuführen und von günstiger Wirkung. Endlich können auch warme Umschläge, besonders Moorumschläge, angewandt werden. Erhöht wird die Wirksamkeit aller dieser Lokalprozeduren, wenn man ihnen Douchen, namentlich schottische Douchen, unmittelbar folgen lässt (Schüller). Man appliziert zuerst breite Strahldouchen, dann Fächerdouchen und steigert die Dauer von einigen Minuten

allmählich bis zu einer halben Stunde (namentlich in hartnäckigen Fällen mit Verdickungen der Gelenkkapsel). Die
Kraft des Strahles muss langsam wachsen; die Douche soll
nicht nur das Gelenk, sondern auch die dazu gehörigen
Muskeln treffen. Die thermische Massage der Douchen, die
übrigens auch für sich allein oder in Verbindung mit mechanischen Heilmethoden zur Anwendung kommen können, giebt
einen mächtigen Anreiz zur Wiederherstellung normaler Funktionen in den chronisch erkrankten Gelenken.

b. Der Muskelrheumatismus.

Der akute Muskelrheumatismus erfreut sich zahlreicher Heilmethoden, die alle in gleicher Weise rasch und sicher
zum Ziele führen. Durch einige grössere Gaben Salicyl,
durch eine einzige faradische Sitzung, eine kunstgerecht aus-
geführte Massierung, eine heilgymnastische Prozedur wird
meist sofortiger Erfolg erreicht; und so bleibt auch die
Hydrotherapie nicht zurück und garantiert durch eine einzige
energische Schwitzprozedur, vor allem durch ein Dampfbad,
sichere Heilung. Lokale Wasseranwendungen (warme Umschläge) kommen daneben kaum in Betracht und finden
höchstens bei etwas hartnäckigeren Fällen oder, wo Schwitzkuren kontraindiziert sind, palliative Verwendung.

Für den chronischen Muskelrheumatismus ist zu
beachten, dass unter diesem Namen häufig verschiedene
Krankheitszustände passieren, die nur die Eigentümlichkeit
der herumziehenden Schmerzen mit einander gemein haben.
Als solche nennen wir z. B. die Fettleibigkeit, die Neurasthenie und gewisse chronische Intoxikationen, besonders
Alkoholismus. Hat die genaue Untersuchung einen dieser
Zustände als Grundlage für »rheumatische« Schmerzen festgestellt, so muss sich die Behandlung natürlich hiergegen
richten. Wo eine solche Grundlage nicht zu finden, sind
warme Allgemeinprozeduren am Platze, namentlich Dampfbäder, Moorbäder und die natürlichen Thermen. Für lokale
Anwendungen sind bei dem unsteten Charakter der rheumatischen Schmerzen selten Indikationen vorhanden. Dagegen
kann eine vorsichtige tonisierende Behandlung zur Prophylaxe
von Rezidiven recht gute Dienste leisten.

c. Die Rachitis.

Die Behandlung der Rachitis mit lauen Salzbädern ist
so allgemein verbreitet, dass es sich erübrigt, hier näher
darauf einzugehen. Mit den lauwarmen Salzbädern (27 ° R)

verbindet man zweckmässig Abreibungen des im Bade aufrecht stehenden Kindes mit kühlerem Salzwasser. Dass die ebenfalls gern gebrauchten Malz- und Kräuterbäder keine spezifischen Wirkungen besitzen, ist schon früher erwähnt.

5. Die Krankheiten des Stoffwechsels.

a. Chlorose und Anämie.

Die Aufgabe der Hydrotherapie bei diesen Zuständen besteht darin, verbesserte Zirkulationsverhältnisse, einen lebhafteren Umsatz zu schaffen, vermöge dessen das Blut in den Stand gesetzt wird, aus der Nahrung, die natürlich diesem Zwecke entsprechend gewählt und gereicht werden muss (kräftige, alle Grundstoffe der Ernährung enthaltende Kost in kleineren, aber häufigen Rationen), möglichst viele blutbildende Bestandteile zu entnehmen. Dass wir diesen Zweck durch tonisierende Kälteprozeduren erreichen, bedarf keines Beweises; nur ist ausdrücklich zu betonen, dass dieselben dem Körper durchaus keine Eigenwärme entziehen dürfen, da jeder Wärmeverlust von Anämischen schlecht vertragen wird. Die Prozeduren dürfen also nur ganz kurzdauernd sein und nur nach einer vorausgeschickten künstlichen Wärmestauung gegeben werden, damit lediglich die überschüssige Wärme dem Körper entzogen wird. Wir geben also entweder frühmorgens unmittelbar aus der Wärme des Bettes heraus oder nach einer feuchtwarmen Einpackung, nach einem kurzen Dampfkastenbade kalte Waschungen, kalte Abreibungen, kurze Regendouchen, laue Halbbäder mit kräftiger Frottage. Ein kleiner Imbiss, ein Schluck alkoholischen Getränkes, vor der Prozedur gereicht, macht sie oft bekömmlicher. Ausserdem wirkt aber auch die direkte Wärmezufuhr und Hautreizung durch warme Bäder, Salzbäder, Kohlensäurebäder oft sehr günstig, besonders in den Zuständen wirklichen Blutmangels mit Neigung zum Frösteln bei sekundärer Anämie, z. B. in der Rekonvaleszenz nach schweren Krankheiten. In Fällen hochgradiger akuter Anämie, z. B. bei starken atonischen Uterinblutungen wird gleichfalls die direkte Wärmezufuhr und ausserdem die subkutane Infusion von Salzwasser angewandt; neuerdings ist, wie schon früher erwähnt, statt der letzteren die weit bequemere Eingiessung von Salzwasser in den Mastdarm mit sehr gutem Erfolge vorgenommen worden. Es werden bei erhöhtem Becken zwei Liter abgekochten lauwarmen Wassers, dem ein Kaffeelöffel Kochsalz zugefügt wurde, in kleinen Pausen ratenweise (zu je 200 gr) in den Mastdarm eingegossen.

In schweren Fällen von perniciöser Anämie wurden Magenausspülungen empfohlen, indem man von dem Gedanken ausging, dass diese Anämieen durch Autointoxikation vom Magen aus bedingt sein können. Diese Idee hat man auch auf die Chlorose übertragen und bei dieser ebenfalls von Magenausspülungen gute Wirkungen gesehen, was mit dem erfahrungsgemässen Nutzen der schon lange gebräuchlichen Salzsäuremedikation bei Chlorose, die ja ebenfalls abnorme Gährungen beseitigt, im vollsten Einklange steht.

b. Andere Blutkrankheiten,

wie Leukämie, Skorbut, Purpura rheumatica u. s. w., können hydriatrisch nur durch Hebung des Allgemeinzustaudes mittels einer zweckmässig angepassten tonisierenden Behandlung beeinflusst werden. Empfohlen werden besonders Fichtennadelbäder (von 26° R.). Von direkten Einwirkungen ist nur bei der Leukämie etwas zu erwarten. Kühle Milzdouchen sowie manchmal auch die dauernde Applikation der Kälte auf die Milzgegend durch Eiskataplasma oder kalten Umschlag mit Eisbeutel sind vielleicht imstande, eine Verkleinerung des kranken Organs zu erzielen.

Auch beim

c. Diabetes mellitus

kommt der Wasserbehandlung nur eine symptomatische, aber doch nicht unwichtige Rolle zu. Zwei Angriffspunkte sind für dieselbe vorhanden: die verminderte Widerstandskraft in den schwereren Fällen (leichtes Ermüden, Unlust zur Anstrengung, Abmagerung, psychische Depression) und die schlechte Ernährung der Haut, die sich durch Trockenheit und Sprödigkeit, durch Hautjucken und Neigung zur Furunkulose zu erkennen giebt. Beide Symptomenkomplexe werden gleichzeitig gebessert durch ein mildtonisierendes Verfahren, vor allem, mit Rücksicht auf den zweiten Punkt, durch blutwarme Bäder von zehn Minuten Dauer, die mit kühlen Regendouchen beschlossen werden, ausserdem aber auch durch alle übrigen Prozeduren der tonisierenden Methode. Ferner können verschiedene Nebenerscheinungen noch besonders behandelt werden, so die Neuralgieen mit schottischen Douchen, der pruritus vaginae mit kühlen Sitzbädern, das diabetische coma mit Übergiessungen im Halbbade und im ersten Beginne mit diuretischen Klystieren.

d. Die Gicht.

Wir haben die Behandlung des akuten Gichtanfalles von der des chronischen Gichtleidens zu trennen. Gegen den

akuten Gichtanfall wendet man erregende Umschläge (bezw.
Teilpackungen) um das hochgelagerte kranke Glied an. Noch
mehr nützen oft warme Umschläge, zu denen man zweckmässig die Aubrysche Verbandmooswatte oder auch fein-
zerschnittene Kräuter, Heu u. dgl. benutzt. Bei der chronischen
Gicht sucht man in den früheren Stadien die Oxydationsprozesse zu steigern, um eine möglichst vollständige Umsetzung
der Harnsäure in Harnstoff herbeizuführen. Hierzu eignen
sich kalte tonisierende Prozeduren, die mit heissen, bezw.
Schwitzprozeduren abwechseln, also Abreibungen, kühle Halbbäder, kalte Vollbäder, Strahldouchen, in täglichem Wechsel
mit Dampfkastenbädern, feuchten Einpackungen u. s. w. Für
die späteren Stadien des Leidens passen nur warme Anwendungen, wie feuchte Schwitzpackungen, Dampfkastenbäder,
warme Wasserbäder, sowie die Thermen.

e. Die Fettleibigkeit.

Schwerer als bei irgend einer anderen Krankheit lassen
sich für die Behandlung der Fettleibigkeit allgemeine Vorschriften geben, da in jedem einzelnen Falle je nach den einzelnen Komplikationen, dem Zustande des Herzens, dem subjektiven Befinden besonders verfahren werden muss. Die
Aufgabe, die der Hydrotherapie hierbei zufällt, besteht nur
darin, die übrigen physikalischen und diätetischen Heilmethoden zu unterstützen, die hier in viel höherem Grade, als bei
den übrigen Stoffwechselkrankheiten, die Hauptrolle spielen,
und auf die wir hier so wenig als bei jenen näher eingehen
können. Natürlich kann es sich nur um ein stoffwechsel-
beschleunigendes Verfahren handeln, also um Schwitzprozeduren, deren Auswahl der Beurteilung des Einzelfalles überlassen bleiben muss. Feuchtwarme und trockene Einpackungen,
russische, römisch-irische und Dampfkastenbäder stehen zu
diesem Zwecke zur Verfügung. Da alle stoffwechselbeschleunigenden Methoden bei längerem Gebrauche den Organismus
stark angreifen, so wird man sie nicht allzu lange fortsetzen,
sondern sich mit einem gewissen Masse von Entfettung begnügen, vor allem nicht den Eintritt von Schwächeerscheinungen
abwarten, sondern die Kur rechtzeitig abbrechen und dafür
durch geregelte Lebensweise, durch restringierte Diät und
reichliche Bewegung eine weitere langsamere Fettabnahme erstreben. Für diese Zeit passen dann tonisierende Prozeduren,
wie kalte Abreibungen, Regendouchen und kühle Halbbäder
mit kräftiger Frottage.

f. Die Skrophulose.

Eine sorgfältige, konsequent durchgeführte Hautpflege ist als Grundbedingung zur Heilung der Skrophulose von allen Ärzten anerkannt. Von den tonisierenden Mitteln, welche zu diesem Zwecke dienen, sind die kalten Abreibungen und die Salzbäder die gebräuchlichsten. Man lässt die Kinder früh und abends das ganze Jahr hindurch anfangs mit abgeschrecktem (16° R.), allmählich immer kälter werdendem Wasser (bis zu 6° R.) abreiben. Die Salzbäder werden täglich einmal gegeben und können ebenfalls mit kühlen Salzwasserabreibungen verbunden werden (s. bei der Rachitis). Die natürlichen Soolbäder haben an sich keinen Vorzug vor diesen künstlichen; es kommt nur bei ihnen der ganze Komplex der übrigen hygienischen Faktoren hinzu. Lokale Affektionen bei Skrophulose geben ausserdem noch häufig zu speziellen Wasseranwendungen Anlass, so die Lymphdrüsenschwellungen zu Dunstumschlägen und Longettenverbänden, die fungösen Knochenerkrankungen ebenfalls zu Dunstumschlägen und zu lokalen Salzbädern u. s. w.

g. Die Syphilis.

Wir führen die Syphilis hier unter den Stoffwechselkrankheiten auf, weil sie hydriatrisch nur mit stoffwechselbeschleunigenden Methoden behandelt werden kann. Die bazilläre Grundlage kommt hierbei gar nicht in Frage; es handelt sich entweder um veraltete Fälle, bei denen die Patienten nicht nur durch die inveterierte Lues, sondern auch durch zahlreiche Quecksilber- und Jodkuren in ihrer ganzen Konstitution geschwächt sind, oder um frische Fälle, wo die Wasserbehandlung zur Unterstützung der spezifischen Kur herangezogen wird. Was zunächst den zweiten Punkt betrifft, so leistet die stoffwechselbeschleunigende und tonisierende Wasserbehandlung bei der frischen Lues folgendes: sie verstärkt die Wirkung des Quecksilbers, wie dies auch für andere Medikamente, z. B. Atropin, festgestellt ist, sodass man mit kleineren Dosen des Mittels, als gewöhnlich, auskommt; ferner beschleunigt sie die Ausscheidung des Quecksilbers, wodurch die üblen Nachwirkungen der Kur bedeutend gemildert werden, und drittens kräftigt sie den Patienten und lässt ihn mit besserem Ernährungszustande aus der immerhin angreifenden Kur hervorgehen. Man wird freilich nicht in jedem frischen Falle, bei kräftigen Patienten und gleich bei der ersten Schmierkur zu der gleichzeitigen Wasserbehandlung greifen, aber bei den Wiederholungen der Kur kann nur dazu geraten werden. Verwandt

werden hauptsächlich Dampfbäder mit nachfolgenden kalten
Douchen, kühlen Halbbädern oder kalten Vollbädern, ferner
Schwitzpackungen (feuchte oder trockene) und darnach kurze
kalte Abreibungen. Die Prozeduren werden zweckmässig frühmorgens vorgenommen. Für die veralteten Formen der
Syphilis eignet sich je nach dem Kräftezustande entweder
ein mildtonisierendes Verfahren (wie bei der Anämie) verbunden mit Schwitzpackungen, oder — bei robusterer Konstitution — eine energische Stoffwechselkur, bestehend aus
Kombinationen von warmen und kalten Prozeduren, besonders
Dampfbädern und kalten Vollbädern oder trockenen Schwitzpackungen und kalten Douchen bezw. Strahldouchen u. s. w.
Durch eine solche Behandlung lassen sich inveterierte Fälle
noch ausheilen, bei denen weder Quecksilber noch Jod mehr
helfen will. Dass man, wie manche Wasserfanatiker behaupten,
mit Schwitzkuren allein, ohne Quecksilber, auch frische
Syphilis heilen könne, ist nicht ganz in Abrede zu stellen;
Beweis dafür liefern die beobachteten Spontanheilungen der
Lues bei Soldaten nach Manövern, sowie die bekannte Erfahrung, dass bei sehr herabgekommenen Individuen (Phtbisikern)
schon die Verbesserung der Konstitution manchmal genügt,
um die Syphilis zu beseitigen. Im allgemeinen wird man
jedoch mit diesen seltenen Ausnahmen nicht rechnen und auf
die tausendfach bewährte antisyphilitische Kraft des Quecksilbers keinen Verzicht leisten.

6. Die Krankheiten des Nervensystems.

a. Sensible Nerven.

Bezüglich der Behandlung der Neuralgieen gehen die
Meinungen der Hydriater weit auseinander. Während die
einen eine möglichst energische Kälteapplikation auf den
schmerzenden Nerven, ein »Totdouchen« der Neuralgie, be-
fürworten, sind die andern mehr für eine milde Behandlung
mit wärmestauenden Prozeduren. Die Mehrheit haben gegenwärtig wohl die letzteren für sich; kalte Douchen werden
zwar angewandt, aber meist nur nach vorangegangener Wärmestauung und nicht zum Zwecke der Leitungsunterbrechung im
Nerven, sondern um eine molekulare Erschütterung darin her-
vorzurufen, die vielleicht ähnlich der Nervendehnung eine
Alteration der Ernährung des Nerven, eine raschere Resorption von Entzündungsprodukten herbeiführt. Man wird also
warme Bäder, Sandbäder, Kastendampfbäder, feuchte Einpackungen geben und diesen eine kalte Strahldouche folgen

lassen. In anderen Fällen, namentlich bei oberflächlich liegenden Nerven, erweist sich statt der Douche die mechanische Wirkung der nasskalten Frottage erfolgreicher. Mitunter können auch Ableitungen von Nutzen sein, z. B. bei Trigeminusneuralgieen auf die Füsse, die Waden, den Unterleib durch kalte Abreibungen dieser Teile oder kurzdauernde kalte Lokalbäder. In chronischen Fällen, z. B. bei Jahre lang dauernder Ischias, kommen nur warme Prozeduren, namentlich lang ausgedehnte warme Bäder (bezw. Wildbäder) und Sandbäder zur Anwendung. Ist eine Kausalindikation zu erfüllen, oder eine Konstitutionskrankheit, z. B. Gicht oder Diabetes, als Grundlage für die Neuralgie festgestellt, so behandelt man den schmerzenden Nerven nur im Notfalle und sucht vor allem die Ursache zu beseitigen, also durch stoffwechselanregende Kuren auf die Konstitutionsanomalie einzuwirken u. s. w. Im allgemeinen ist zweierlei für die Behandlung der Neuralgieen zu beachten, nämlich dass man sich nie auf eine einzige Methode kaprizieren darf, sondern je nach der Art des Falles mit verschiedenen Anwendungen wechseln muss, und zweitens, dass man in keinem Falle einen sicheren Erfolg versprechen soll.

Die Behandlung lokaler Anästhesieen hat sich natürlich zunächst gegen das Grundleiden zu richten. Symptomatisch ist zur Wiederanregung der gestörten Funktion der Wechsel von warm und kalt sehr wirksam. Man kann also die schottische Douche anwenden oder nach dem Vorgange von Winternitz erst warme, dann ganz kalte Umschläge auflegen und zum Schlusse den kalten Strahl einer douche filiforme auf die empfindungslose Partie richten.

b. Die motorischen Nerven.

Gegen Lähmungen appliziert man eine scharfe Strahldouche auf den befallenen Nerven; auch schottische oder Strahldouchen auf die Wirbelsäule sind mit Erfolg angewandt worden. Bei älteren Fällen von Extremitätenlähmungen erweisen sich oft warme Lokalbäder nützlich. Im ganzen kommt der Hydrotherapie bei Behandlung der Lähmungen eine mehr untergeordnete Rolle zu.

Dasselbe gilt für die lokalen Krämpfe. Ein reizmilderndes, herabstimmendes Verfahren ist hier noch am meisten indiziert, also entweder kalte Umschläge oder prolongierte warme Bäder.

Bei der vasomotorischen Neurose der Migraine helfen für die angiospastische Form oft komprimierende Dunstumschläge um den Kopf; für die angioparalytische Form können warme Fussbäder versucht werden. Ausserdem ist das langsame schluckweise Trinken kalten Wassers empfohlen worden. Eine tonisierende Allgemeinbehandlung wird in vielen Fällen am Platze sein.

c. Das Rückenmark.

Die Krankheiten des Rückenmarks gehören zu denjenigen Leiden, welche durch die Hydrotherapie in besonders günstiger Weise beeinflusst werden. Wenn auch die Heilung destruktiver Prozesse, der Wiederersatz ausgefallener Ganglienzellen von der Hydrotherapie nicht erwartet werden kann, so gelingt es doch häufig — bei genügend langer, event. jahrelanger Durchführung der Kur — durch dieselbe einen zeitweiligen Stillstand der Krankheit, ein Hinausschieben der schlimmen Folgeerscheinungen und die palliative Besserung zahlreicher Symptome zu erzielen, und hervorragende Autoritäten unter den Neurologen, vor allem Erb, haben deshalb einer vorwiegend hydriatrischen Behandlung der Rückenmarkskrankheiten das Wort geredet. Wir können hier nur einige Typen vorführen.

Auf die chronische Myelitis wird am besten durch ein mildes tonisierendes Verfahren eingewirkt. Abwaschungen, Abreibungen, kühle Sitzbäder, Halbbäder mit Rückenbegiessungen, erregende Umschläge auf den Rücken können angewandt werden; dagegen sind alle angreifenderen Prozeduren, wie Abklatschungen, Douchen, selbst Einpackungen, zu meiden. Man beginnt mit milderen Temperaturen (16—20° R.) und geht allmählich bis auf 12—10° R. herunter. Neben dieser Behandlung sind noch häufig symptomatische Indikationen zu erfüllen, z. B. die Obstipation durch hohe Eingiessungen zu bekämpfen, unter Umständen auch örtliche Antiphlogose durch Eisbeutel u. dgl. zur Anwendung zu bringen u. s. w. Warme Temperaturen wirken nicht günstig auf die Beschwerden ein.

Nach ähnlichen Grundsätzen ist die Behandlung der multiplen Sklerose zu leiten.

Bei der Tabes dorsalis kann man mit der soeben beschriebenen milden Tonisierungskur die Anwendung lokaler Prozeduren verbinden, welche auf den Rückenmarksprozess einwirken können. Als solche empfehlen sich z. B. lauwarme Sitzbäder (22° R.), kalte Waschungen und Begiessungen des Rückens. Auch lauwarme Fichtennadel- und Moorbäder thun oft gute Dienste. Dagegen sind heisse Prozeduren (Dampfbäder u. dgl.), ebenso wie sehr kalte (Vollbäder) schädlich. Symptomatisch kommt neben der Bekämpfung der Obstipation

besonders die Linderung der Schmerzen in den Beinen und
Armen durch erregende Umschläge in Betracht. — Dieselben
Vorschriften gelten für die spastische Spinalparalyse.

Die Poliomyelitis anterior wird im akuten Stadium
sowohl allgemein antipyretisch mit kalten Stammumschlägen
und Halbbädern nebst Übergiessungen als lokal antiphlogistisch
mit Eisbeuteln und Chapmanschläuchen behandelt. Bei den
chronischen Formen mit ihren Atrophieen und Paralysen der
Muskulatur kann durch milde Tonisierung (Abwaschungen, Abreibungen) und gute Hautpflege (Fichtennadelbäder) viel ge-
nützt werden.

Bei der progressiven Bulbärparalyse können nur
versuchsweise im Anfange Ableitungen, späterhin, bei einge-
tretener Degeneration, Regen- und Strahldouchen auf den
Nacken, sowie eine tonisierende Allgemeinbehandlung angewandt werden. Auch warme Bäder, event. Salzbäder, können
etwas bessern. Dagegen sind heisse Temperaturen auch hier
entschieden zu verwerfen.

Aus den bisherigen Ausführungen lassen sich auch die Be-
handlungsprinzipien für die übrigen Rückenmarksleiden entnehmen. Im Vordergrunde steht, wie wir gesehen haben,
immer die vorsichtige Tonisierung; extreme Temperaturen
sind überall kontraindiziert.

d. Gehirnkrankheiten.

Für die Behandlung der Gehirnkrankheiten ist die Hydrotherapie nur von untergeordneter Bedeutung. Fast ausschliesslich kommt die lokale Kälteapplikation (Kühlkappe, Kühlschlauch, Eiskataplasma) für akut entzündliche Prozesse und
Blutungen in Betracht. Bei der tuberkulösen Meningitis
werden ausserdem laue Bäder mit Übergiessungen angewandt.
Hyperämie des Gehirns erfordert Ableitungen (kalte und heisse
Fussbäder, Wadenbinden), akute Anämie (Ohnmacht) Hautreize, z. B. Bespritzen mit kaltem Wasser, chronische die Behandlung des Grundleidens.

Hieran anschliessend einige Worte über die Hydrotherapie
bei den Geisteskrankheiten. Nachdem früher kalte Douchen
und Begiessungen als mechanisches Abschreckungs- und Züch-
tigungsmittel gang und gäbe gewesen, wurden sie nach Einbürgerung des No-restraint-Systems verpönt und damit zugleich
die ganze Hydrotherapie über Bord geworfen. Erst in neuerer
Zeit hat das wissenschaftliche Wasserheilverfahren begonnen,
sich ganz allmählich Eingang in die Irrenanstalten zu verschaffen,
wenn auch noch immer in sehr beschränkter Weise. Zur An-

wendung kommen hauptsächlich: warme Vollbäder (3—4 Stunden lang) zur Beruhigung und zur Erzielung von Schlaf, mit kühler Regendouche und Frottage beschlossen (bei Kongestionen zum Kopfe während des Bades Eisblase auf den Kopf oder kühle Berieselung!), erregende Einpackungen, kalte Abwaschungen, bei Gehirnhyperämieen Eisblase und Senffussbäder. Sicherlich steht der Hydrotherapie in der Irrenheilkunde noch ein weites Feld offen.

e. Funktionelle Neurosen.

Die Epilepsie ist am besten durch ein mildes tonisierendes Verfahren zu beeinflussen. Rasche Abreibungen, laue Halbbäder und Sitzbäder empfehlen sich am meisten. Daneben wurde auch lokal einzuwirken gesucht von Reynolds durch Chapmansche Rückenschläuche und von Winternitz, der die Epilepsie als einen cerebralen Gefässkrampf betrachtet, durch erregende Kopfumschläge. Gegen den einzelnen Anfall ist hydriatrisch nichts zu machen.

Bei den Konvulsionen der Kinder ist natürlich vor allem den kausalen Indikationen Rechnung zu tragen; symptomatisch wirksam sind kalte Kopfumschläge, kalte Einpackungen, kalte Klystiere (event. mit etwas Essig), erregende Wadenbinden.

Bei der Chorea minor ist ein mildes tonisierendes Verfahren von sehr günstiger Wirkung und daher, zumal es sich meist um blasse, blutarme Kinder handelt, stets indiziert.

Der Tetanus wird mit protrahierten warmen Bädern behandelt, die den Kranken noch am meisten subjektive Erleichterung schaffen.

Auf die Hysterie ist vor allen Dingen durch eine vorsichtig gesteigerte tonisierende Allgemeinbehandlung einzuwirken. Hierzu eignen sich: kurze kalte Abreibungen, kurze kühle Regendouchen mit kräftiger Frottage, allmählich (von 22° auf 16° R.) abgekühlte Halbbäder von wenigen Minuten Dauer mit Übergiessungen des Rückens, kühle Sitzbäder (22° R.) von 5—15 Minuten Dauer, laue Fichtennadelbäder (25° R.). Warme Bäder sind nicht zu empfehlen. Ausserdem kommen symptomatisch noch zahlreiche Prozeduren zur Verwendung. Der hysterische Anfall lässt sich durch eine beliebige, seiner Stärke entsprechend abgestufte kalte Applikation beseitigen, wobei man wegen des Kältegrades nicht ängstlich zu sein braucht, also durch kaltes Anspritzen, durch kalte Begiessungen und Douchen, durch kalte Einpackungen und Umschläge, schlimmstenfalls durch ganz kurzdauernde kalte Bäder mit kalten Übergiessungen; der psychische Effekt ist dabei von hauptsächlicher Bedeutung. Menstrualkoliken werden mit heissen Sitzbädern, Neuralgieen mit schottischen Douchen, Verstopfung durch Klystiere, Schlaflosigkeit mit Leib- oder Wadenbinden bekämpft u. s. w. Gegen anhaltende Erregungs-zustände helfen die Fichtennadelbäder oder auch einfache laue Bäder (26° R.) von 30—40 Minuten Dauer.

Über die Behandlung der Neurasthenie sind bei Be-sprechung der Abreibungen schon einige Winke gegeben worden. Dass hier vor allem ein tonisierendes Verfahren am Platze ist, leuchtet ein; aber jede eingreifendere Kur für die schwereren Fälle darf nur unter beständiger Aufsicht des Arztes, also in der Wasserheilanstalt, vorgenommen werden, und auch die milderen Prozeduren bei leichteren Fällen, die eine häusliche Behandlung vertragen, sind stets nur bei gleich-zeitiger sorgfältigster Diät im weitesten Sinne, namentlich geistiger Ruhe, und nur nach genügender Vorwärmung des Körpers (durch Bettwärme, Dampfbad u. dgl.) vorzunehmen. Diese Sätze, die ja allgemeine Gültigkeit besitzen, sind für die Neurasthenie so besonders scharf hervorzuheben, weil ge-rade die Neurastheniker, im Anfange des Leidens meist noch teilweise arbeitsfähig, gern den Versuch machen, durch forcierte Wasserkuren während der Berufsthätigkeit ihre »Nervosität« in möglichst kurzer Zeit zu beseitigen, statt dessen sie aber natürlich nur noch erheblich steigern. Vielmehr muss ganz allmählich und vorsichtig von den schwächsten zu den stär-keren Anwendungen fortgeschritten werden. Man beginnt mit kalten Abwaschungen, geht nach einiger Zeit zu den Abrei-bungen über, die man erst mit 20° R., dann mit immer käl-terem Wasser (event. Salzwasser) machen lässt, unterbricht dieselben hin und wieder durch eine kalte Regendouche nach vorausgegangenem Dampfbade und fügt dann laue Halbbäder mit kräftiger Frottage und event. Begiessungen hinzu. Zwischen-hinein können noch verschiedene tonisierende Lokalprozeduren, je nach der Individualität des Falles, geschoben werden, wie Fuss- und Rückenwaschungen, Fussbäder, Armbäder u. dgl. Kalte Vollbäder dürfen nur in Anstalten und unter den früher angegebenen Vorsichtsmassregeln gegeben werden. Auch warme Salz- und Fichtennadelbäder sind oft von gutem Er-folge. Flussbäder und Seebäder (Ostsee, Nordsee) stellen endlich die letzte Stufe der tonisierenden Allgemeinbehand-lung dar. Daneben sind noch zahlreiche Beschwerden der Neurastheniker durch besondere Anwendungen zu bekämpfen. Sexuelle Schwäche und Reizbarkeit, Blasenkrämpfe und Men-

struationsanomalien werden durch geeignet temperierte Sitzbäder bekämpft, ferner kann der Psychrophor von Nutzen
sein, ebenso kalte Douchen auf die Genitalien und das Lenden-
mark (wie alle Prozeduren frühmorgens aus dem Bette heraus
vorzunehmen). Gegen die Schlaflosigkeit werden kalte Kopfumschläge, nasskalte Abreibungen (mit kräftiger Frottage) des
Unterleibes, Wadenbinden, prolongierte warme Bäder, warme
Fussbäder angewandt.

Nach denselben Prinzipien, wie die der Neurastbenie, ist
auch die Behandlung der traumatischen Neurosen zu
leiten.

An die funktionellen Neurosen können einige chronische
Vergiftungen angereiht werden, die ebenfalls vorwiegend nervöse Symptome zeigen. Beim Morphinismus und beim
Alkoholismus kommt die tonisierende Wasserbehandlung
(u. a. auch das Schwenkbad) zur Bekämpfung der Abstinenz-
erscheinungen während der Entziehungskur, zur Hebung des
Ernährungszustandes, zur Kräftigung des Selbstbewusstseins
in Anwendung. Bei der Morphiumentziehung sind ausserdem
prolongierte warme Bäder gegen die Schlaflosigkeit und gegen
Aufregungszustände, die Eisblase bei Herzklopfen und Pulsbeschleunigung von grossem Nutzen. Die chronische Blei-
intoxikation wird mit energischen Schwitzkuren durch Dampfbäder und trockene Einpackungen behandelt.

7. Die Frauenkrankheiten.

In der Gynäkologie findet das Wasser vielseitige Verwendung, wenn auch grösstenteils nur sekundärer Natur. In
Betracht kommen die lokalen Anwendungen und die hydriatrische Allgemeinbehandlung. Unter den ersteren zählen zu
den wichtigsten Prozeduren die Sitzbäder, die eine je nach
Temperatur und Dauer modifizierbare direkte Beeinflussung der
Beckengefässe ermöglichen. Man gebraucht

das kurze kalte Sitzbad (8—12° R., 1—5 Minuten Dauer)
zur Hyperämisirung des Unterleibes bei Amenorrhoe, Erschlaffung der Bänder und Uterusprolaps;

das länger dauernde kalte Sitzbad (bis zu 30 Minuten
Dauer, auch länger) zur Anämisierung der Unterleibsorgane
bei akuten Entzündungen und Blutungen;

das lauwarme Sitzbad (16—22° R., 5—10 Minuten Dauer)
zur Regelung der Zirkulation und Anregung der Resorption
bei chronischen Peri- und Parametritiden und Scheiden-
katarrhen; das höher temperierte (bis zur Körperwärme und

bis 60 Minuten Dauer) dient zur Erweichung und Resorptions-
beförderung starrer Exsudate, besonders gern als Soolsitzbad
angewandt;

das heisse Sitzbad (30° R. und darüber) wird bei allen
Krampfformen und Schmerzen der Unterleibsorgane angewandt
und ist die einzige Wasserprozedur, die auch während der
Periode gebraucht werden kann.

Eine zweite vielverwandte Prozedur sind die Vaginal-
irrigationen (Uterusdouchen). Dieselben dienen, mit lauem
Wasser (25° R.) vorgenommen, zur Reinigung, häufig mit des-
infizierenden und astringierenden Zusätzen. Die ganz kalten
Irrigationen (mit Eiswasser) werden zur Blutstillung verwandt,
machen aber manchmal Koliken. Besser sind heisse Irrigationen (32° R.); dieselben befördern auch die Aufsaugung alter
Exsudate, werden zu diesem Zwecke oft mit Salzwasser vorgenommen und können mit den warmen Soolsitzbädern verbunden werden. Kühle Irrigationen (16° R) dienen zur
Tonisierung der erschlafften Scheidenwände (Descensus uteri).

Leibumschläge (Leibbinden) kommen ebenfalls häufig zur
Anwendung: kalte Umschläge in Verbindung mit Eisblase zur
Antiphlogose bei akuter Para- und Perimetritis, erregende
bei leichteren akut entzündlichen Prozessen und bei para- und
perimetritischen Exsudaten, für letztere auch warme Moorumschläge.

Ferner können gelegentlich — bei Metrorrhagieen — gebraucht werden: der Vaginalrefrigerator, mit heissem Wasser
gefüllte Chapmanschläuche über der Lendenwirbelsäule, kurze
kalte Fussbäder. Die vielfältige Anwendung der Klystiere
begreift sich bei der Neigung fast aller Frauen zur chronischen
Obstipation.

Die warmen Vollbäder werden meist in Form der Moorbäder, Salzbäder und ferner als Sandbäder gegeben zur Aufsaugung von Exsudaten.

Die Allgemeinbehandlung endlich erstrebt die Besserung
der Ernährung und die Beseitigung der so oft mit den Frauenkrankheiten verbundenen Anämie und Nervosität durch ein
tonisierendes Verfahren, wobei namentlich Abreibungen
und laue Halbbäder eine Rolle spielen.

Wenngleich die Hydrotherapie nicht beanspruchen kann,
für sich allein Frauenkrankheiten zur Heilung zu bringen, so
nimmt sie doch in dem therapeutischen Rüstzeuge gegen dieselben eine wichtige Stelle ein, namentlich zur Bekämpfung
mancher ursächlichen Störungen und gewisser Symptome, zur

Beseitigung der Reste einer abgelaufenen Krankheit und zur Hebung des Allgemeinzustandes, der ja im Frauenleben so eng mit dem Verhalten der Geschlechtsorgane zusammenhängt.

8. Die Hautkrankheiten.

Den hohen Wert, welcher dem Wasser für die Hygiene der Haut und somit für die Verhütung von Hautkrankheiten zukommt, werden wir noch späterhin zu würdigen haben. Aber auch in der Dermatotherapie findet das Wasser vielfache Verwendung. Das kalte Wasser (kalte Umschläge) dient zur Milderung akuter Hautentzündungen (z. B. Ekzem), das warme Wasser (warme Waschungen und Umschläge, warme Lokalbäder) zur Entfernung von Schuppen, Borken und Krusten und zur Erweichung schwieliger Geschwürsränder und Narben, das heisse oder ganz kalte Wasser zur Linderung des Juckreizes u. s. f. Ausser diesen allgemeinen Indikationen nennen wir aus der grossen Zahl der speziellen Anwendungen nur folgende: permanente lauwarme Bäder bei Pemphigus; warme Bäder und Dampfbäder bei Sklerodermie; heisse Hand- und Fussbäder bei leichteren Erfrierungen; flüchtige heisse Waschungen bei Acne rosacea (die starke Erweiterung der Gefässe hinterlässt eine langdauernde reaktive Kontraktion), event. zugleich mit warmen Fussbädern; Dunstumschläge und Dampfbäder bei Psoriasis; lauwarme Bäder bei Pityriasis rubra; warme Umschläge und kontinuierliches Warmwasserbad bei kallösem ulcus cruris u. s. w. Die ratio für diese und noch manche andere Wasseranwendungen in der Dermatologie lässt sich aus den allgemeinen hydriatrischen Indikationen (Kühlung, Erweichung, Resolution, Gefässerweiterung oder Gefässkontraktion u. dgl. — abgesehen von dem mechanischen Effekte der Reinigung) mit Leichtigkeit entnehmen. Die Darstellung der in der Dermatotherapie angewandten medizinischen Bäder bleibt den Spezialschriften überlassen.

Hier ist der Ort daran zu erinnern, dass die längere Anwendung von hydriatrischen Prozeduren selbst mannigfache Hauteruptionen zur Folge haben kann, die teils den thermischen und mechanischen Reizen, teils pflanzlichen Parasiten, denen besonders lange getragene Dunstumschläge eine Brutstätte gewähren, ihre Entstehung verdanken. Es sind dies Ekzeme, Furunkel, Erytheme, Urtikaria, Herpes tonsurans u. ä. Die Empiriker und Wasserärzte früherer Zeiten (und sogar noch manche der Gegenwart) glaubten, dass in diesen Eruptionen die Ausscheidung krankhafter Stoffe, »schlechter

Säfte«, erfolge und begrüssten sie daher bei ihrem Auftreten im Verlaufe der Wasserkur mit Genugthuung als »kritische« Ausschläge. Wir sind heute berechtigt, diese Anschauung in das Reich der medizinischen Fabeln zu verweisen; wir sind davon überzeugt, dass die erwähnten Eruptionen artifizielle Produkte sind, die keinesfalls heilsam, sondern nur störend und schädlich einwirken, und die wir deshalb durch peinlichste Reinlichkeit, durch häufigen Wechsel und öfteres Auskochen der zu Umschlägen benutzten Tücher, durch Einfetten der Haut bei längerer Anwendung von Dunstumschlägen und durch sorgfältige Berücksichtigung der individuellen Hautempfindlichkeit bei Verordnung von stark mechanisch wirkenden Prozeduren zu verhüten trachten müssen.

9. Die chirurgischen Krankheiten.

Auf dieses grosse Gebiet näher einzugehen würde den uns zu Gebote stehenden Raum bei weitem überschreiten; wir begnügen uns mit einigen Hinweisen, welche die Bedeutung des Wassers auch für die Chirurgie illustrieren sollen. Am häufigsten kommt die antikongestive und die antiphlogistische Methode zur Verwendung; die erstere lässt sich sehr wohl mit der antiseptischen Wundbehandlung verbinden, indem zentral von der kunstgerecht verbundenen Wunde ein starker Kältereiz etabliert wird. Die lokale Anwendung der Kälte zur Bekämpfung von Schmerz, Röte und Hitze bei Entzündungen und Kontusionen, sowie zur Blutstillung, ist allgemein bekannt; ebenso die Anwendung der Wärme zur Erweichung starrer Exsudate (Bubonen u. dgl.). Die mechanisch reinigende Kraft des Wassers wird auch von der aseptischen Wundbehandlung wieder verwertet, indem dieselbe auf die antiseptischen Zusätze verzichtet und nur reines (sterilisiertes) Wasser, bezw. 0,6 % Kochsalzlösung zur Irrigation verwendet. Warme Lokalbäder dienen zur Reinigung eiternder Wunden (z. B. Panaritien nach der Operation) und stark secernierender Geschwüre und Fisteln. Einen besonders hohen Wert beansprucht die Hydrotherapie für die Nachbehandlung von Verletzungen (Knochenbrüchen, Gelenkverletzungen u. s. w.) in Bezug auf die Wiederherstellung der Funktion. Namentlich seitdem infolge der modernen sozialen Gesetzgebung das Augenmerk nicht nur auf die Beseitigung der krankhaften Störungen, sondern mit Recht auch — weit mehr als ehedem — auf die möglichst vollkommene Wiedererlangung der Gebrauchsfähigkeit des geheilten Gliedes gerichtet wird, ist die Hydrotherapie

ein wichtiger Faktor in der Reihe der hierher gehörigen Be-
handlungsmethoden geworden. Allgemeine und lokale Warm-
wasserbäder sowie die natürlichen Wildbäder dienen zur Erweichung straffer Narben und starr gewordenen paramuskulären
Bindegewebes und zur Anregung der arteriellen Fluxion zu
den atrophischen Muskeln und steifen Gelenken. Unterstützt
werden die Bäder durch die Douchen mit ihren mechanischen,
der Massage ähnlichen Wirkungen (besonders Strahldouchen
und Stachelbrausen). Die tonisierende Methode endlich bewirkt die allgemeine Kräftigung des durch operative Eingriffe
und langes Krankenlager in seiner Ernährung beeinträchtigten
Organismus.

Anhang.

Der Gebrauch des Wassers zu diätetischen Zwecken.

Die lebenswichtige Bedeutung einer sorgfältigen Hautpflege ist zu allen Zeiten anerkannt worden. Die Hygiene der Haut hat zwei wichtige Funktionen derselben zu berücksichtigen. Einmal wird die Haut als die äussere Hülle des Körpers tagtäglich von einer mehr oder minder starken Schmutzschicht bedeckt, welche die Ausführungsgänge ihrer Drüsen verstopft, wodurch deren Sekretion unterdrückt, der Gasaustausch verringert wird und infolge der Ansammlung von Sekret und Schmutz in den Drüsenausführungsgängen Erkrankungen der Haut (Comedo, Akne, Furunkel) verursacht werden. Die Haut muss also häufig gereinigt werden. Zweitens ist die Haut ein Wärmeregulator für den Körper; sie hat die Aufgabe, denselben von den so oft wechselnden Temperaturen der Umgebung unabhängig in seiner Eigenwärme zu erhalten, indem ihre Gefässe bei jedem Kältereize sich zusammenziehen, bei Einwirkung von Wärme sich erweitern. Diese prompte Reaktionskraft der Haut, deren Schwächung oder Verlust zu mancherlei Krankheiten (Erkältungskrankheiten) Anlass giebt, muss gepflegt werden. Die Haut ist vor Verweichlichung (d. i. Schwächung der Reaktionskraft) zu schützen durch Abhärtung (Tonisierung), indem man die Hautgefässe öfters durch künstliche Reize zur Erweiterung oder Zusammenziehung bringt und so ihre Tonizität in Übung erhält. Beiden Zwecken, dem der Reinigung und dem der Abhärtung, wird man durch Anwendung des Wassers gerecht, und zwar dem ersteren durch das warme Wasser, dem letzteren durch das kalte, event. in Verbindung mit warmen Prozeduren.

8*

Zur Reinigung der Haut dienen
warme Waschungen, gewöhnlich mit Seife, um das Wasser
weich zu machen und die Ablösung von Epidermisschuppen
zu erleichtern;

warme Vollbäder (von 28⁰ R. und 15 Minuten Dauer),
ebenfalls mit Seife;

warme Regendouchen nach vorheriger Einseifung der Haut
(neuerdings zu Volksbrausebädern von Lassar u. a. empfohlen);

Schwitzbäder (Dampfbäder, auch irisch-römische Bäder),
von besonderem Nutzen zur Durchspülung der Hautöffnungen
von innen her, daher zur Prophylaxe von Hautkrankheiten
von speziellem Werte.

Die Waschungen sind täglich, die Vollbäder bezw. Regendouchen 1—2 mal wöchentlich vorzunehmen, hin und wieder
kann ein Schwitzbad eingeschoben werden. Fabrikarbeiter
und alle diejenigen, die mit schmutzenden Hantierungen zu
thun haben, sollten allwöchentlich ein Schwitzbad nehmen.

Die Mittel zur Abhärtung der Haut können, wenn sie
dauernd durchgeführt werden sollen, natürlich nur die aller-
mildesten unter den tonisierenden Prozeduren sein. Es sind
dies regelmässige kalte Waschungen des Rumpfes oder noch
besser — namentlich bei Kindern — des ganzen Körpers.
Personen, welche sich noch nicht an dieselben gewöhnt haben,
beginnen mit Teilwaschungen, indem sie eine Zeitlang täglich
nur den Hals waschen, darnach für einige Zeit Brust und Arme
hinzunehmen, später den Rücken u. s. f., bis sie bei der
Waschung des ganzen Körpers angelangt sind. Das Wasser
soll im Anfange 20⁰ R. haben und allmählich, bei zunehmender
Gewöhnung, immer kälter genommen werden. Auf Schnellig-
keit der Ausführung (Dauer der ganzen Waschung eine Minute),
kräftiges Trockenreiben, warmes Zimmer, tüchtige Bewegung
nach der Prozedur (bei guter Witterung im Freien) ist stets
zu achten. Weiterhin ist es zweckmässig die zu Reinigungszwecken vorgenommenen warmen Bäder, warmen Regendouchen und Schwitzbäder durch ganz kurzdauernde (¹/₄ Minute)
kalte Regendouchen zu beschliessen, um dadurch die erschlafften
Hautgefässe wieder kräftig sich kontrahieren zu lassen und
so die Reinigung mit der Abhärtung zu verbinden. Dagegen
kann nicht dringend genug vor dem jahraus jahrein durchge-
führten fanatischen Frostregime der kalten Abreibungen, kalten
Zimmerdouchen ohne genügende Vorwärmung und mit Protra-
hierung bis zum Blauwerden gewarnt werden. Den Exklama-
tionen jener urteilslosen Schreier, der Naturheilkünstler u. dgl.,
die wohl das Handwerk, aber nicht die Wissenschaft der

Hydrotherapie verstehen, und die in der forcierten Wasserkur nicht nur eine Panacee gegen alle möglichen Krankheiten, sondern auch ein Universaldiätetikum für jeden Menschen ohne Rücksicht auf Alter und individuelle Verschiedenheiten sehen, ist es zu verdanken, dass man gar nicht selten solche Opfer des gegenwärtig wieder zur Modesache gewordenen Wasserfanatismus findet, Leute mit welker, blutarmer, lederartiger Haut, gealtertem Aussehen, allgemeiner Abmagerung, schwerer Nervosität, kurz in einem Zustande, für den zwar die rohe Empirie den beschönigenden Ausdruck »Sättigung mit der Wasserkur« erfunden hat, der aber nichts weiter darstellt als die Folgen der habituellen Überreizung durch den übertriebenen Gebrauch des kalten Wassers. Mit Recht sagt hierüber Lahmann*): »Mancher glaubt den Gipfel der Weisheit erklommen zu haben, wenn er täglichem Abplanschen, Abgiessen oder Baden das Wort redet. Freilich thut dies manchem gut oder vielmehr schadet es ihm nicht nachweislich; aber vielen fügt diese amphibienartige Lebensweise grossen Schaden zu. Einen so eminenten Nervenreiz, wie er mit der Kälte des Wassers erzielt wird, empfinden die Nerven während einer Kurperiode von sechs bis acht Wochen als eine Wohlthat, bei jahrelangem Geplansche als Überreiz. Dass die schablonenartige Wärmeentziehung nicht jedem gut thut, ist einleuchtend, und dass endlich durch das ewige Abreiben der Haut dieselbe ihres geschmeidig machenden Fettes beraubt wird, welches für die Funktionen der Haut von grösserer Bedeutung ist, als das reinigende Wasser, ist wohl auch verständlich.« Vor solchen Übertreibungen, solchen forcierten Abhärtungsversuchen zu warnen und diesbezügliche Missverständnisse aufzuklären, ist eine sehr wichtige, freilich oft undankbare Aufgabe des Hausarztes. Dazu gehört aber, dass der Arzt mit der Hydrotherapie vertraut genug ist, um dem von der Propaganda des Naturheilwesens infizierten und misstrauisch gewordenen Laien gegenüber nicht in den Verdacht zu kommen, dass er ein Feind des Wasserheilverfahrens überhaupt sei und daher kein objektives Urteil besitze.

Auf den diätetischen Wert der innerlichen Wasserzufuhr hier näher einzugehen erübrigt sich, da der Gegenstand in den physiologischen und hygienischen Lehrbüchern ausführlich abgehandelt wird und wenig spezifisch hydriatrisches Interesse besitzt. Nur einige hygienische Vorschriften über das Wassertrinken seien hier angeführt. Während der Mahlzeiten

---

*) Lahmann, Die diätetische Blutentmischung etc. Leipzig 1892.

empfiehlt sich ein mässiger Genuss des Wassers, um die
Magensaftsekretion anzuregen und namentlich bei trockener
Kost den Speisebrei in gehöriger Weise zu verflüssigen;
dagegen ist reichliches Wassertrinken beim Essen schädlich,
weil die Verdauungssäfte dadurch allzusehr verdünnt werden.
Wiederum wird bei vollständiger Entziehung des Getränks
während der Mahlzeit der Appetit zu wenig angeregt und er-
lischt bald; ferner wird durch die geringe Verflüssigung der
Speisen die Verdauung derselben erschwert; beides bedingt
eine verminderte Ernährung — vgl. die Örtelsche Entfettungs-
kur. Längere Zeit (1—2 Stunden) nach der Mahlzeit ist
reichliches Wassertrinken empfehlenswert, da hierdurch die
Fortbewegung der Speisen im Darm und der ganze Verdauungs-
prozess beschleunigt wird. Nüchtern getrunkenes Wasser
wirkt milde abführend, weshalb Personen, die zu Darmträgheit neigen, mit Vorteil jeden Morgen nüchtern ein Glas kaltes
Wasser trinken. Dass zur Deckung des tagsüber notwendigen
Flüssigkeitsbedarfes statt der meist hierzu benutzten erregenden
und berauschenden Getränke (Kaffee, Thee, Spirituosen) ebenfalls reines »Wasser das beste« ist, bedarf keines Beweises;
aber so anerkannt diese Thatsache ist, so schwer ist es in
der Praxis gegen eingewurzelte Gewohnheiten anzukämpfen.
Auch in der Empfehlung des Wassertrinkens haben die Empiriker, namentlich früherer Zeiten (auch Priessnitz), sich arge
Übertreibungen zu Schulden kommen lassen, indem sie »Wassertrinken bis zum Übermass« zur Erhaltung der Gesundheit
predigten; glücklicherweise ist heutzutage von diesen Ver-
irrungen nichts mehr zu merken.

Über die Rolle, welche die Qualität des Trinkwasser für
die Aetiologie von Krankheiten, besonders infektiöser Natur,
spielt, und über sonstige einschlägige Punkte sind die Lehrbücher der Hygiene zu vergleichen.

Register.

Druckfehler.

S. 11 Zeile 16 v. u. lies **es** statt er.

S. 71 Zeile 16 v. o. lies **Darmkontenta** statt Darmkatarrhe.

S. 89 Zeile 5 v. o. und Zeile 18 v. u. lies **Bronchien** statt Bronchieen.

Druck der Breslauer Genossenschafts-Buchdruckerei E. G m. b. H, Ursulinerstrasse 1.